Frases

~~de~~ *para tu*

bol$illo

FERNANDO O. ALONSO

Frases

~~de~~ *para tu*

bol$illo

Editorial Autores de Argentina

Alonso, Fernando O.
    Frases para tu bolsillo / Fernando O. Alonso ; compilado por Fernando O.
Alonso. - 1a ed.. - Ciudad Autónoma de Buenos Aires : Autores de Argentina,
2015.
    200 p. ; 20 x 14 cm.

    ISBN 978-987-711-415-7

    1. Libro de Frases. 2. Economía. 3. Libro de Citas. I. Alonso, Fernando O.,
comp. II. Título.
    CDD 808.83

EDITORIAL AUTORES DE ARGENTINA

www.autoresdeargentina.com

Mail: info@autoresdeargentina.com

Diseño de portada: Fernando Alonso
Diseño de maquetado: Autores de Argentina

A la memoria de mi viejo,
quien me inculcó la pasión por la lectura.

ÍNDICE

PRÓLOGO

¿Porqué escribir un libro? Bueno, en realidad no estoy escribiendo un libro sino transcribiéndolo. Este libro es una recopilación de otros cientos de libros y fuentes sobre economía y negocios que he tenido el agrado y placer de acceder. Libros y autores influyentes, y otros no tanto. Pero todos tenían algo para decir, todos quisieron aportar algo, todos quisieron dejar un legado, ese fue justamente el motivo por el que escribieron. Por eso creo que sería bueno continuar con la intención que originalmente han tenido y procurar hacerles un poco de eco. Tratar de hacer llegar sus conceptos de la manera más eficiente: En forma breve y con sus frases más brillantes y llamativas.

Este libro es una recopilación de frases, de autores de libros negocios (y otros), que a medida que contemplaba sus obras, las marcaba con un lápiz para luego transcribirlas. Estas frases eran las que realmente marcaban un concepto, las realmente trascendentes, como así también las que debido a su ironía, realmente sellaron a fuego un concepto en la mente y memoria del lector. Esas frases son las que están transcriptas en las páginas a continuación.

La idea de este libro, además de transcribir y respetar los dichos y pensamientos de sus autores, es impactar en usted, el lector, con golpes de ideas que llevarán sólo unos pocos segundos leer, así como muchas horas reflexionarlas.

Se me han ocurrido muchas formas de transmitir estos conceptos. Una de ellas en su momento fue armar un portal web donde se comentará y opinará cada obra, otra fue hacerlo a través de las redes sociales, pero sin duda las frases son la forma más breve y efectiva de transmitir conceptos e ideas.

Por eso, como conclusión, considero que la mejor forma de respetar la sapiencia de todos los autores, como así también de respetar a ustedes, los lectores, es transcribirle de la forma más sucinta y conmovedora, todas esas miles de páginas de libros de negocios que hay a disposición, en un puñado de frases trascendentes. Espero que las disfruten, y por sobre todo, que les aporten algo. Si al finalizar este libro, usted lector, se considera un poco mas ilustrado que al momento de iniciarlo, entonces esta obra ha cumplido su cometido, a la vez que yo he cumplido con sus autores.

FERNANDO ALONSO

Introducción

Lo que encontrarán en las páginas de este libro son frases. Frases que resumen obras completas, ideas íntegras. Son una síntesis de decenas de libros, papers, charlas y entrevistas de economistas, empresarios, políticos, intelectuales y otros autores que tenían algo para decir.

Las frases, para enmarcar los conceptos de forma más inteligible, están separadas en capítulos por temas. Estos temas son:

- **Economía:** Donde los conceptos básicos de la Economía quedan claros, junto con perplejidades a conceptos como los Economistas, la Inflación o la disyuntiva de los roles del mercado y el estado.

- **Principios y Ética económica:** Generalmente el dinero y la ética no van de la mano, pero centenares de frases que se presentan en este capítulo manifiestan esa pugna conflictiva en forma graciosa y muchas veces ridiculizándonos a nosotros mismos.

- **Finanzas y Manejo del dinero:** En esta sección, grandes autores, te enseñarán a que aspectos tienes que tener en cuenta para poder proteger tu dinero, y por sobre todas las cosas, como multiplicarlo.

- **Management:** Gerenciamiento, liderazgo, eficiencia, gestión, conducción, autoridad, dirección, o sea... Management. En pocas palabras, se acomodan las ideas de todas estas artes en forma conjunta.

- **Mercados e Inversiones:** ¿Cuántos consejos habrás escuchado sobre los mercados? ¿Cuántos habrás escuchado o leído sobre que activos o mercados invertir, cuándo y cómo? Si hubieran sido verdad hoy serían todos millonarios, ¿verdad? En esta sección leerás frases que te instruirán mucho más que todos esos "consejos".

- **Negocios y Emprendimientos:** Un compendio de no sólo excelentes expresiones para tener en cuenta al momento de emprender, sino verdaderos refranes de vida. Verdaderas lecciones que te abrirán los ojos y te harán pensar en tu actitud al momento de cerrar un negocio o emprender alguno nuevo.

- **Real Estate:** Esta inversión peculiar merecía un capítulo aparte. Los activos inmobiliarios tienen tanto características propias como muchas semejanzas con el resto de las inversiones. Emprender un negocio en Real Estate, invertir en ladrillos o manejar este particular negocio, hace que las lecciones que aprenderás aquí merecidamente deben desprenderse de los capítulos anteriores.

Debo ser claro, ante cualquier inconveniente sobre derechos de autor, que siempre primó la intención de referenciar cada frase con su verdadero autor. En caso de haber cometido un error, éste no tuvo ningún intento de plagio (Ya que ninguno se adjudica a mi autoría) y en el caso de existir una ulterior edición, éste será subsanado junto con la Fe de Erratas correspondiente.

Antes de que el lector inicie con la lectura, como autor debo a los neófitos algunas aclaraciones a conceptos que se dan por entendidos:

Bull Market y Bear Market: En la jerga de Wall Street, los Bull Markets son los momentos de mercados alcistas y los Bear Markets son los bajistas. Se deriva justamente por la forma que éstos animales embisten. Los Bulls (Toros) embisten con la cornamenta por debajo y luego empujan hacia arriba. Por el otro lado, los Bears (Osos) atacan con las garras y brazos desde arriba y empujan con todo el peso de su cuerpo hacia abajo.

Small-Cap, Mid-Cap y Large-Cap: En los mercados, Small-Cap son las empresas con poca capitalización de mercado, entre U$s300 millones y U$s2.000 millones. Los Mid-Cap son entre U$s2.000 millones y U$s10.000 millones. Los Large-Cap son mas de U$s10.000 millones.

Economía

¿Por qué se inventó la astrología? Para que la economía pudiera ser una ciencia exacta.

— Anónimo

En Economía se puede hacer cualquier cosa. Salvo, evitar las consecuencias.

— John Maynard Keynes

La economía trata cómo gastar dinero sin disfrutarlo.

— Will Smith

La Economía es la dolorosa elaboración de lo obvio.

— Friedrich von Hayek

No nos quejemos tanto de la codicia. Mueve la economía

— Gordon Gekko[1]

El estudio de la Economía generalmente revela que el mejor momento para hacer algo era el año pasado.

— Marty Allen

---

1 Gordon Gekko era un personaje ficticio de la película Wall Street, interpretado por Michael Douglas. Se podría citar también a Oliver Stone como autor de la misma, ya que fué el Director de la película.

La 1er lección de la Economía es la escasez: Nunca habrá lo suficiente de algo para satisfacer lo que se requiere. La 1er lección de la Política es descartar la 1er lección de la Economía.

— THOMÁS SOWELL

Poco es el requisito que necesita un estado para lograr el máximo nivel de opulencia más que paz, bajos impuestos y tolerable administración de la justicia.

— ADAM SMITH

Todos los que han gobernado están convencidos que el destino de un imperio está en la educación de sus niños.

— ARISTÓTELES

El comienzo de todo gobierno empieza con la educación de sus jóvenes.

— PITÁGORAS

La deuda pública, si no es excesiva, será para nosotros una bendición nacional.

— ALEXANDER HAMILTON

Una nación no corre riesgo de desastre financiero solo por el hecho de deberse dinero a sí misma.

— ANDREW MELLON

El Capitalismo sin fallas es como la religión sin infierno.

— CHARLIE MUNGER

El peso (moneda) no es de izquierda o de derecha, es el peso. Los errores de política económica no son de izquierda o de derecha, son errores.

— WALTER GRAZIANO.

El tesoro de los EEUU en sus comienzos arrancó en balance cero. Y fue lo más cercano que estuvo a ser superavitario.

— ALEXANDER HAMILTON

Un pueblo cobarde se merece todo lo que un tirano le haga.

— ANÓNIMO

El estado es esa gran entidad ficticia que todos buscan para vivir a expensas de algún otro.

— FREDERICK BASTIAT

Ninguna vida humana, libertad o propiedad privada están a salvo mientras una legislatura está en sesión.

— GIDEON TUCKER

Si el gobierno gasta más, vos vas a tener menos para gastar.

— JULIÁN GUARINO

Siempre peleo por los que tratan de llevar a una Nación a la prosperidad a través de los impuestos. Son como las personas que estando parados dentro de un balde intentan levantarse empujando la manija hacia arriba.

— WINSTON CHURCHILL

Posteridad: Nunca sabrán lo que nos costó preservar su libertad. Espero que hagan un buen uso de ella.

— JOHN QUINCY ADAMS

Evita invertir en esos países con gran nivel de socialismo o intervencionismo. El crecimiento de un negocio depende del sistema de libre emprendimiento.

— JOHN TEMPLETON

Un mal gobierno echa a los buenos emprendimientos.

— MARK SKOUSEN

Tanto Mercado como sea posible, tanto Estado como sea necesario.

— MÁXIMA SOCIAL DEMÓCRATA

SOCIALISMO: Tienes 2 vacas. El estado te quita una y se la da a otro.

COMUNISMO: Tienes 2 vacas. El estado te quita ambas y te da un poco de leche.

FACISMO: Tienes 2 vacas. El estado te quita ambas y te vende un poco de leche.

NACISMO: Tienes 2 vacas. El estado te quita ambas y te mata.

BUROCRACIA: Tienes 2 vacas. El estado te quita ambas, mata una y de la otra tira la leche a la basura.

CAPITALISMO: Tienes 2 vacas. Vendes una y compras un toro.

— Pat Paulsen

Sabemos que las economías avanzadas con gobiernos estables que piden prestado en su propia moneda son capaces de obtener grandes niveles de deuda sin llegar a una crisis.

— Paul Krugman

Pocos son los que ven a la empresa privada como el caballo que empuja la carreta.

— Winston Churchill

El punto de vista que tiene el gobierno sobre la economía podría resumirse en breves frases: Si se mueve, cóbrale impuestos. Si se sigue moviendo, entonces regúlalo. Y si deja de moverse, subsídialo.

— RONALD REAGAN

No hay mal que dure 100 años, ni plan que dure 10 años.

— WALTER GRAZIANO

Cuando la gente le teme al Gobierno es tiranía. Cuando el Gobierno le teme a la gente es libertad.

— THOMÁS JEFFERSON.

Todos podrán llamarse "Camaradas", pero algunos de ellos tienen el poder de vida o muerte sobre otros camaradas.

— THOMÁS SOWELL

Lo que este país necesita son más políticos desempleados.

— WINSTON CHURCHILL

Un economista es alguien que, cuando encuentra algo que funciona en la práctica, trata de que funcione en la teoría.

— DAVID WILDASIN

La diferencia principal entre un micro economista y un macro economista es que los micro están equivocados sobre cosas específicas, mientras que los macro están equivocados sobre las cosas en general.

— ANKESH AGRAWAL

La 1era ley de los economistas: Para cada economista, existe un economista igual y uno opuesto. La 2da ley: Ambos están equivocados.

— DAVID WILDASIN

Ni aunque todos los economistas fueran enganchados uno a otro, llegarían a una misma conclusión.

— GEORGE BERNARD SHAW

La economía es extremadamente útil como una forma de dar trabajo a los economistas.

— JOHN KENNETH GALBRAITH

Un economista es un experto que mañana sabrá por qué las cosas que predijo ayer no ocurrieron.

— LAWRENCE J. PETER

Los economistas predijeron 9 de las últimas 5 recesiones.

— PAUL SAMUELSON

La Economía es la única ciencia en la que dos personas pueden ganar un Premio Nobel diciendo exactamente lo contrario.

— SHERRY FORBES

La gente emocional y falible determina el precio. La del corazón frío del dinero determina el valor.

— CHRISTOPHER C DAVIS

En el largo plazo, estaremos todos muertos.

— JOHN MAYNARD KEYNES

Luego que se haya dicho y hecho todo, surgirá mucho más para decir y hacer

— ESOPO

La escasez de dinero es la raíz de todo demonio.

— MARK TWAIN

En Economía, peor que una mala noticia es la incertidumbre.

— TOMÁS BULAT

La historia nunca se repite idéntica, pero rima.

— BRETT STEENBARGER

Tener un poquito de inflación es como estar un poquito embarazada. La inflación se autoalimenta y rápido pasa la maraca de ´poquito´.

— DIAN COHEN

Desde su creación, el único destino que tiene una moneda es su devaluación.

— DR FRANZ PICK

Un directivo de un Banco Central entra a una pizzería, y si tiene mucho hambre pide que se la corten en más porciones.

— ANÓNIMO

Inflación: Situación por la cual nadie tiene suficiente dinero porque todo el mundo tiene mucho.

— HAROLD COFFIN

Tan fácil como encender un interruptor y comenzar a imprimir, es incrementar o reducir una base monetaria para los Bancos Centrales.

— JOHN JAGERSON

Con la inflación un gobierno puede, en forma secreta y oculta, confiscar los bienes de la gente y ni uno en un millón detectará ese robo.

— JOHN MAYNARD KEYNES

Inflación es una forma de cobrar impuestos sin la necesidad de imponerlo por ley.

— MILTON FRIEDMAN

¿Cuál es el peor peligro a tu inversión? La inflación.

— PAUL CABOT

La inflación es cuando pagas $15 por un corte de pelo de $10 que solías pagar $5 cuando tenías pelo.

— SAM EWING

Principios y ética económica

Un hombre siempre tienes dos motivos por los que hace algo. Un motivo bueno y uno verdadero.

— J.P. Morgan

Las burbujas siempre son invisibles... Para los que están dentro de ellas.

— Jim Dines

Un sistema económico que sólo puede expandirse o expirar debe ser falso para todo ser humano.

— Edward Abbey

Existen tres grandes inventos desde el principio de los tiempos: El fuego, la rueda y los Bancos Centrales.

— Will Rogers

La obsesión de los argentinos con el dólar no es con el dólar; es con su propia moneda.

— Julian Guarino

El buen juicio viene de la experiencia, y ésta proviene de haber juzgado mal reiteradas veces.

— Will Rogers.

Cuando las mercaderías no puedan cruzar las fronteras, los soldados lo harán.

— FREDERICK BASTIAT

Vacía tu bolsillo en tu mente, y tu mente llenará tu bolsillo.

— BENJAMIN FRANKLIN.

De qué sirve el dinero si no se puede inspirar terror en los demás.

— CHARLES 'MONTY' BURNS[2]

Ninguna persona está tan ocupada como cuando está ganando dinero.

— SAMUEL JOHNSON

Cuando se nace pobre, estudiar es el mayor acto de rebeldía contra el sistema. El saber rompe las cadenas de la esclavitud

— TOMAS BULAT

No es tu culpa si naces pobre. Es tu culpa si te mantienes pobre.

— BILL GATES

---

2 En este caso, la atribución de la autoría a este simpático personaje de "Los Simpsons" debería asignarse a su creador, productor y director Matt Groening.

Hay personas que operan con el diario de la semana que viene, y hay otras que ya saben lo que se va a escribir la próxima semana y son las que mueven grandes cantidades y marcan tendencias.

— ANÓNIMO

Los arboles altos son los que reciben mayor viento.

— ANÓNIMO

Una recesión es cuando tu vecino pierde el empleo. Una depresión es cuando el que lo pierde sos vos.

— HARRY S TRUMAN.

La política se trata de resolver dilemas.

— ROSENDO FRAGA

El miedo y la codicia son altamente contagiosos.

— DICK DAVIS

El fin de los competidores en los mercados es prevalecer, no permanecer.

— GEORGE SOROS

Vanidad: Mi pecado favorito.

— JOHN MILTON[3]

Las estadísticas son personas que ya se limpiaron las lágrimas.

— SPENCER RASCOFF

La Libertad no es vivir como queremos, sino poder elegir la vida que nos deje desarrollar nuestro potencial.

— RALPH WALDO EMERSON

Si a un Banco le debes $1000, tienes un problema. Ahora, si le debes $1.000.000, el problema es del Banco.

— JOHN MAYNARD KEYNES

La palabra "Economía" comienza con "eco", por eso todos los economistas repinten lo mismo.

— JAROD KINTZ

Cuando estás cayendo del piso 22, hasta el 1er piso estás bien.

— TOMAS BULAT

---

3 John Milton es el nombre ficticio de un supuesto Demonio, interpretado por Al Pacino en "El Abogado Del Diablo" (Devil's Advocate). La frase debería también adjudicarse a Taylor Hackford, el director de la película.

Tanto los políticos como los pañales deben reemplazarse con frecuencia por la misma razón.

— MARK TWAIN

Obtienes lo mejor de los demás cuando das lo mejor de vos.

— HARVEY S FIRESTONE

El motor que maneja los emprendimientos no es el ahorro sino la ganancia.

— JOHN MAYNARD KEYNES

La experiencia solo enseña lo enseñable.

— ALDOUS HUXLEY

Lo que estresa no es el poder, sino el miedo a perderlo.

— AUNG SAN SUU KYI

Luego de una caída abrupta en los mercados, el dinero regresa a sus legítimos dueños.

— WARREN BUFFETT

Una vez vi a una serpiente tener sexo con un buitre, y pensé: Es como se desarrollan los negocios en Washington DC.

— JAROD KINTZ

Si la libertad no fuera económicamente eficiente, no tendría chances de existir.

— Anónimo

He visto muchas almas perecer por las drogas.

— Pablo Escobar Gaviria

Hay millones de personas que quieren cambiar el mundo, pero no pueden cambiar las condiciones de su propia vida.

— Robert Kiyosaki

Puedo calcular el movimientos de los astros, pero no la locura de la gente.

— Isaac Newton

Todos los imperios fueron creados a fuego y sangre.

— Pablo Escobar Gaviria

Cuando los hechos cambian, cambio mi mente.

— John Maynard Keynes

A mayor riqueza, la mugre es más gruesa.

— John Kenneth Galbraith

El dinero siempre gana.

— JAY DECIMA

El que paga la gaita es el que maneja la melodía

— ANÓNIMO

Las empresas, como las personas, cambian sus nombres por dos razones: O se casaron con alguien, o están envueltos en un problema que será mejor que la gente se olvide de ellos.

— PETER LYNCH

El mejor consejo de inversiones que puedas dar o recibir es "Mantente saludable".

— DICK DAVIDS DIVIDEND

El Banco es el que te presta un paraguas cuando hay sol, y te exige que se lo devuelvas cuando comienza a llover.

— MARK TWAIN

Primero ingresa, luego hazte rico, luego serás respetado.

— ANÓNIMO

Si los bancos caen, es una tragedia y la gente ruega "¿Que vamos a hacer?", pero si hay gente que muere de hambre, nadie dice nada.

— Papa Francisco.

A diferencia con los deportes, en los negocios, la competencia nunca es tan sana como la dominación total.

— Peter Lynch

Sólo cuando la marea baja, podrás recién descubrir quien estaba nadando desnudo.

— Warren Buffett

Casi todos los hombres pueden soportar la adversidad, pero si quieres comprobar su conducta, dales poder.

— Abraham Lincoln

Nadie se hace rico tomando deducciones impositivas.

— Anónimo

Los prisioneros de cárceles son provistos de TV por cable, comida y educación universitaria, mientras en la calle solo pueden alcanzarlo a través de grandes crímenes.

— Alfred E. Neuman

Piensa mal y acertarás.

— Maquiavelo

No puedo estimar al hombre que no es un poco más sabio hoy que ayer.

— Abraham Lincoln

Cuando te encuentres del lado de la mayoría, será el momento para que hagas una pausa y reflexiones.

— Mark Twain

En este país -EEUU- primero obtienes el dinero, luego tienes el poder, y recién ahí tienes la chica.

— Tony Montana[4]

Cuando Washington duerme, la economía crece.

— William Rees-Mogg

No hay dinero en la poesía, así como no hay poesía en el dinero.

— Robert Graves

---

4 Tony Montana es el personaje protagonista de la película "Scarface" por el actor Al Pacino. La autoría, además del personaje, debería adjudicarse al director Brian De Palma.

La mejor inversión que he hecho en mi vida es la donación a quien lo necesita. Nunca perdí un centavo.

— JOHN TEMPLETON.

Es preferible la persona que tiraniza a su banco antes que a sus conciudadanos.

— JOHN MAYNARD KEYNES

La producción de muchas cosas útiles produce a mucha gente en inútil.

— KARL MARX

No existe el "Almuerzo Gratis".

— ROBERT HEINLEINS

La persona que no sabe sobrevivir con poco, siempre será un esclavo.

— HORACIO

Hay tres clases de mentiras: las mentiras, las malditas mentiras y las estadísticas.

— MARK TWAIN

Los Banqueros son como cualquiera de nosotros. Sólo que son millonarios.

— OGDEN NASH

Aquel que vive por la espada, muere con la espada.

— Mateo 26:52

Cuando el viento sopla fuerte, hasta los pavos pueden volar.

— Jerry Pogue

Sólo los muertos han visto el fin de la Guerra.

— Platón

El mercado "Negro" es al mercado "Blanco" como un tumor cerebral. Trata de eliminarlo y matarás al paciente.

— John Marshall

El dinero es mejor que la pobreza, sólo en el ámbito financiero.

— Michael Moncur

El camino hacia el poder está pavimentado de hipocresía.

— Frank Underwood

No puedes imprimir la riqueza. Debes generarla.

— Kenneth J Gerbino

No puedes poner impuestos al comercio. El comercio no paga impuestos sino que los genera.

— RONALD REAGAN

Mientras mil millones de personas en el mundo padecen hambre, otros mil millones tienen problemas de obesidad.

— MARK BITTMAN

Si lo que quieres es dinero, ve donde el dinero está.

— EUGENE JACKSON

Cualquiera que considere que un crecimiento exponencial será eterno en un mundo finito, es porque está loco o es un economista.

— KENNETH E. BOULDING

Los mercados reducen todo, incluyendo seres humanos y naturaleza, a commodities.

— ANÓNIMO

Si la emisión monetaria ayuda a la economía, hacer billetes falsos debería ser legal.

— BRIAN WESBURY

El poder de agregar impuestos es un poder de destrucción.

— JOHN MARSHALL

En una democracia todos tienen derecho a una opinión, el problema surge cuando piensan que la opinión propia es tan válida como la del otro

— ANÓNIMO

Aprende del ayer, vive para hoy, aspira por el mañana. Lo importante es nunca dejar de cuestionar.

— ALBERT EINSTEIN

Nada puede prevenir que en el cine existan mejores asientos que otros.

— CHRYSIPPUS

La educación es el mejor vestido para la fiesta de la vida.

— CAROLINA HERRERA

Nos estamos acercando a la etapa inversa absoluta. La etapa donde el gobierno es libre de hacer lo que quiera mientras que los ciudadanos solo podemos actuar bajo permiso.

— AYN RAND

La codicia es buena

— Gordon Gekko[5]

El dinero puede construirte una casa, pero no un hogar.

— Mark Skousen

El rey es el que reina, pero el banquero gobierna.

— Jacob Fugger

Ganar dinero no te obliga a sacrificar tu honor o tu conciencia.

— Baron Guy de Rothschild

El dinero siempre está, pero los bolsillos cambian.

— Gertrude Stein

La necesidad nunca hace un buen negocio.

— Benjamin Franklin

En New York encontrarás problemas y soluciones como en ningún otro lugar.

— Donald Trump

---

5 Como ya se describió antes. Gordon Gekko era un personaje ficticio de la película Wall Street, interpretado por Michael Douglas. Se podría poner también a Oliver Stone como autor de la misma, ya que fue el Director de la película.

Mientras más viejo te ponés, a menos gente le creés.

— Anónimo

El Banco es un lugar donde te prestan plata si pueden demostrar que no la necesitas

— Bob Hope

No existe ningún gran genio, sin un toque de locura.

— Seneca

Aquellos que se paran por nada, también caen por nada.

— Alexander Hamilton

Muchos pueden calcular los costos de algo, pero muy pocos pueden medir verdaderos valores.

— Anónimo

El dinero nunca es el problema cuando crees en ti mismo.

— Jay DeCima

El establishment bancario es más peligroso que los ejércitos.

— Thomas Jefferson

Puedes engrupir a todo el mundo todo el tiempo si la publicidad es correcta y el presupuesto es grande.

— JOSEPH E. LEVINE

La raíz de las desgracias de un país hay que buscarlas en las fallas morales de un gobierno.

— AUNG SAN SUU KYI

Si te casas con un hombre rico, ten cuidado: O no se mantendrá rico, o no se mantendrá casado.

— TERRY SAVAGE

Un criminal es una persona con instintos depredadores que no tiene capital suficiente para conformar una corporación.

— HOWARD SCOTT

Nadie tiene más poder que el destino.

— ANÓNIMO

El dinero habla, pero el crédito hace eco.

— BOB THAVES

Saca el dinero de tu país antes que tu país te saque el dinero a ti.

— HARRY BROWNE.

Si en este Gobierno (Argentino), la realidad y la ideología chocan, la que está equivocada es la realidad.

— TOMAS BULAT

Gastamos dinero que no tenemos, en cosas que no necesitamos para impresionar a personas que no le importamos.

— WILL SMITH

"Crédito" proviene del latín "Credere", significa "Creer". O sea que el crédito es la confianza que el dinero que se presta, retornará.

— ROBERT ROWLAND SMITH

Narcos y guerrilleros son afines a la misma ideología, la del dinero.

— PABLO ESCOBAR GAVIRIA

Nosotros en Chrysler tomamos prestado según la forma antigua. Devolvemos lo prestado.

— LEE IACOCCA

Es ridículo llamarlo industria alimenticia. No lo es. Esto es ratas comiendo ratas, perros comiendo perros.

— RAY KROC

Confía en que eres capaz de hacerlo y ya estás a mitad de camino de lograrlo.

— THEODORE ROOSEVELT

A las palabras se las llevan los hechos.

— ANÓNIMO

Sacar la información de Internet es como tomar agua del grifo de incendios.

— COROLARIO DE JEROME WEISNER

Tus clientes más insatisfechos son tu gran fuente de aprendizaje.

— BILL GATES

Desde que se inventó la dialéctica, cualquier cosa puede ser explicada.

— JORGE GIACOBBE

¿Porqué robo Bancos? Porque ahí es donde está el dinero.

— WILLIE SUTTON

El problema de no involucrarse con las redes sociales es que la gente piensa que eres anti-social, cuando en realidad eres anti-redes.

— Robert Brault

Se requieren 20 años para construir una reputación, y sólo 5 minutos para arruinarla.

— Warren Buffett

Uno está sentado en la sombra porque alguien plantó un árbol mucho tiempo antes.

— Warren Buffett

Gano más dinero dando consejos que obedeciéndolos.

— Malcolm Forbes

Las clases altas representan el pasado de una nación. Las clases medias, el futuro.

— Anónimo

Muchas familias pobres de Chicago creen que soy Santa Claus.

— Al Capone

No existirían paraísos fiscales si no hubieran infiernos fiscales.

— Proverbio de la Banca Suiza

La palabra "Gratis" en economía no existe.

— Enrique Szewach

El "Seguro de Vida" es una industria que está muriendo.

— Jarod Kintz

Las burbujas siempre revientan.

— Anónimo

El Gobierno es el único ente que toma un commodity con valor como el papel, ponerle tinta y convertirlo en algo completamente inútil

— Ludwig Von Mises

Si te conviertes en oveja, encontrarás a un lobo.

— Proverbio Ruso

La mente curiosa se dedica a la ciencia, la talentosa y sensitiva a las artes, la práctica a los negocios, el resto son economistas.

— NASSIM NICHOLAS TALEB

En el mercado de la moda, todo se vuelve "Retro" menos los precios.

— CRISS JAMI

La lección más importante que aprendí es que las emociones manejan al mundo, más que las estadísticas, la información y otros.

— ROGER BABSON

El mercado está poblado por gente como tú.

— JOHN JAGERSON

Nunca podrás ver el futuro con un espejo retrovisor.

— PETER LYNCH

Ignorar es responder con inteligencia.

— ANÓNIMO

Los acreedores tienen mejores memorias que los deudores.

— BENJAMIN FRANKLIN

Que todo hombre sea respetado como individuo y nunca idolatrado.

— Albert Einstein

Existe solo un tipo de éxito: Vivir la vida a tu gusto.

— Christopher Morley

La competencia genera lo mejor de los productos y lo peor de una persona.

— David Sarnoff

No importa que tan despacio vayas, sino que no te detengas.

— Confucio

Cuando el Estado se hace dueño de la principal riqueza de un país, corresponde preguntarse quién es el dueño del Estado.

— Eduardo Galeano

Finanzas y manejo del dinero

Hacer dinero lleva tiempo.

— JESSE LIVERMORE

No comas la fruta cuando el árbol recién está floreciendo.

— BENJAMIN DISRAELI

Cuidado con los pequeños gastos. La pequeña gotera puede hacer hundir un barco.

— BENJAMIN FRANKLIN

Algún dinero evita preocupaciones; mucho, las atrae.

— CONFUCIO

Mil dólares colocados a un 8% anual crecerá a 43 cuatrillones en 400 años, pero los primeros 100 años son los más duros.

— SIDNEY HOMER

Los pobres y la clase media trabajan por dinero. El rico hace que el dinero trabaje para él.

— ROBERT KIYOSAKI

¿Cómo obtienes $1 millón? Empieza con $900 mil.

— STEPHEN LEWIS

Me preocupa más que mi dinero retorne, al retorno de mi dinero.

— Mark Twain

Las ganancias siempre se cuidan solas. Las pérdidas no.

— Jesse Livermore.

Sacude el árbol, pero no cortes las ramas.

— Anónimo

Nunca inviertas en una idea que no puedes dibujar con un crayón.

— Peter Lynch

El peor error es tomar las ganancias muy pronto, y afrontar las pérdidas muy tarde.

— Michael Price

Cuanto más cierto sea algo, será menos redituable.

— Jim Rogers

El financiamiento ajeno o apalancamiento es invertir un monto pequeño de tu dinero para ganar montos grandes de alguien más.

— Jay DeCima

¿Sabes que es lo único que me da placer? Es ver llegar los dividendos.

— JOHN D. ROCKEFELLER

Ahorra lo máximo que puedas y tus inversiones mejorarán.

— JOHN E CORE

La inversión exitosa requiere humildad.

— JOHN TEMPLETON

Cualquier persona puede ganar un dólar, pero se requiere ser inteligente para mantenerlo.

— RUSSELL SAGE

Los precios no tienen memoria.

— ANÓNIMO

Nunca estarás en bancarrota por tomar una ganancia.

— DICHO DE WALL STREET

Nadie maneja el dinero ajeno con el cuidado con el que manejan el propio.

— MILTON FRIEDMAN

Mucha gente ignora las probabilidades y exagera el riesgo.

— RALPH WAGNER

Nunca lo sabrás hasta que apuestes.

— PAT HEARNE

Especular es el esfuerzo, probablemente fallido, de convertir un poco de dinero en mucho. Invertir es el esfuerzo, probablemente exitoso, de prevenir que mucho dinero se convierta en poco.

— FRED SCHWED

El dinero persigue las ganancias.

— DAVID DREMAN

En las inversiones, lo que es cómodo raramente es redituable.

— ROBERT ARNOTT

Siempre pregúntate: ¿Cuánto dinero estoy dispuesto a perder?

— DONALD TRUMP

Para hacer una buena diferencia, debes apostar a lo inesperado.

— GEORGE SOROS

Puedes ganar en una carrera de caballos. Pero nunca ganarás en el turf.

— EDWIN LEFEVRE

Las ganancias pueden mentir. Los dividendos nunca.

— GERALDINE WEISS

La mejor forma de doblar tu dinero es plegarlo y ponértelo en el bolsillo.

— FRANK MCKINNEY

No especules, salvo que puedas hacerlo como un trabajo Full-Time.

— BERNARD BARUCH

Por placer se hace el banquete, y el vino alegra la vida, y el dinero responde por todo.

— ECLESIASTÉS 10:19

Nadie gasta el dinero ajeno con el cuidado del propio.

— MILTON FRIEDMAN

Aquel que no economiza, agoniza.

— CONFUCIO

No importa si eres rico o pobre, mientras tengas dinero.

— JOE LEWIS

El negocio de invertir no es lo mismo que invertir en un negocio.

— MARK SKOUSEN

Nunca le preguntas a un peluquero si necesitas un corte.

— PAUL GETTY

Una de las peores cosas que puedes hacer con el dinero es gastarlo.

— ROBERT WILSON

El tiempo es tu aliado; el impulso es tu enemigo.

— JACK BOGLE

Ahorra un poco cada mes, y al final de año te sorprenderás lo poco que tienes.

— ERNEST HASKINS.

Nunca inviertas en algo que come o necesita pintura.

— BILLY ROSE

Si tu situación financiera está en orden, entonces puedes ser paciente.

— ROBERT BISHOP

Nunca permitas que los impuestos interfieran en el camino de las ganancias.

— PETER LYNCH

Nadie hará plata para ti.

— JORGE PÉREZ

El dinero es lo único más dulce que la miel.

— BENJAMIN FRANKLIN

¿Cómo obtienes $1 millón? Fácil, arranca con $2 millones.

— MÁXIMA DEL MERCADO DE COMMODITIES

Si cuidas los centavos, los dólares se cuidarán solos.

— RUSSELL SAGE.

Si quieres una garantía, cómprate una tostadora.

— CLINT EASTWOOD

El ahorro es un ingreso guapo.

— ERASMO

Piensa primero en el riesgo, y luego en la recompensa.

— ANTHONY GALLEA

¿Cómo te haces millonario? Arranca con mil millones y compra una aerolínea.

— RICHARD BRANSON

Los peces ven la carnada pero no el anzuelo. El hombre ve la ganancia pero no el riesgo.

— PROVERBIO CHINO

Dos de las cosas más difíciles son ahorrar cuando eres joven y gastar cuando eres viejo.

— ANÓNIMO

El dinero se hace en los malos momentos, y se colecta en los buenos.

— ARTHUR B LAFFER

Deberíamos darles a nuestros hijos suficiente dinero para hacer todo, pero no tanto como para que no hagan nada.

— WARREN BUFFETT

Matrimonio: Hecho en el cielo, cerrado en la Corte.

— DONALD TRUMP

Siempre ten cuidado de los profetas que buscan ganancias.

— DENNIS MILLER

Es más fácil comprar que vender.

— ANÓNIMO

No se cuales son las 7 maravillas del mundo. Pero se cual es la 8va: El interés compuesto.

— BARON ROTHSCHILD

Las pérdidas financieras son emocionalmente el doble de dolorosas que el placer generado por una ganancia del mismo volumen.

— MICHAEL BLOOMBERG

El dinero fácil... no lo es.

— KEN FISHER

Debes conocer lo que posees, y por sobre todo, saber muy bien el motivo por el que lo tienes.

— PETER LYNCH

Una ganancia al contado, vale más que dos en papel.

— HUMPHREY NEILL

Alguien que gane más de lo que gasta, automáticamente es un inversor.

— GERARD LOEB

Si no encuentras un rédito de tus errores en las inversiones, otro lo hará.

— YALE HIRSCH

Nunca inviertas tu dinero por las recomendaciones de una persona que no sea millonaria.

— WARREN BUFFETT

Nunca pierdes dinero por ganar dinero.

— ANÓNIMO

Nunca pagues por adelantado. Esa plata inviértela, paga al vencimiento, y quédate con el rendimiento.

— DAVE RAMSEY

Cásate con un millonario, o mejor aún, divórciate.

— STEVE FORBES

El dinero es un terrible Maestro, pero un excelente sirviente.

— FRANCIS BACON

Pobre no es el que tiene poco, sino el que necesita mucho.

— JOSÉ ´PEPE´ MUJICA

Management

Nunca olvides: Las cosas cambian.

— LOWELL MILLER

El ingrediente más importante de una fórmula exitosa es "Acción".

— JAY DECIMA

A veces, cuando estas innovando, cometes errores. Lo mejor es admitirlos rápidamente y continuar mejorando tus innovaciones.

— STEVE JOBS

Cuanto mejor seas resolviendo problemas a los demás, más éxitos disfrutarás para ti.

— JAY DECIMA

Siempre pon una persona perezosa para hacer un trabajo muy complicado, porque encontrará una manera fácil para hacerlo.

— BILL GATES

El management no es nada más que motivar otras personas.

— LEE IACOCCA

El éxito sólo puede lograrse luego de la repetición de intentos fallidos.

— SOICHIRO HONDA

Confía. Pero siempre verifica.

— RONALD REAGAN

Lo más importante de la comunicación es escuchar lo que no se está diciendo.

— PETER DRUKER

El arrogante es ciego a la verdad.

— JIM ROGERS

Uno de los secretos del empresario exitoso consiste en no hacer uno mismo el trabajo sino en reconocer al hombre adecuado para hacerlo.

— ANDREW CARNEGIE

No hay nada más inútil que hacer con gran eficiencia algo que no debería hacerse.

— PETER DRUKER

Cree en la mitad de lo que ves, nada de lo que oyes, y en todo lo que pienses.

— ANÓNIMO

El ejecutivo existe para hacer importantes excepciones a la regla.

— ELTING E. MORISON

Resistir al cambio es como mantener el aire. Si persistes, mueres.

— LAO TSU

Cuando odiamos a nuestros enemigos, les damos poder sobre nosotros: Poder sobre nuestro sueño, sobre nuestro apetito, sobre nuestra presión sanguínea, sobre nuestra salud y sobre nuestra felicidad.

— DALE CARNEGIE

Genios sin educación es como el diamante todavía dentro de la mina.

— BENJAMIN FRANKLIN

La computadora es un tonto.

— PETER DRUKER

Una computadora es como un tonto que solo sabe hacer trabajos repetitivos. Pero los hace tan rápido que nos es extremadamente útil.

— FERNANDO ALONSO

Si tu oponente es de temperamento busca irritarlo. Pretende simular ser débil, y eso lo volverá arrogante.

— Sun Tzu

Piensa en tu legado. Porque lo estás escribiendo todos los días.

— Gary Vaynerchuck

Liderazgo es el arte de lograr que alguien haga algo que tu quieres porque él quiere hacerlo.

— Dwight Eisenhower

Todo debe hacerse lo más simple posible. Pero no más simple que eso.

— Albert Einstein

Hay una sola forma de lograr que alguien haga algo. Y esa forma es hacer que esa persona quiera hacerlo.

— Dale Carnegie

El buen gerenciamiento consiste en mostrar a la gente promedio como hacer el trabajo de gente superior.

— John D. Rockefeller

La gente es definitivamente el activo más valioso de una empresa. Una empresa es tan buena como la gente que tiene dentro.

— MARY KAY ASH

Cualquier tonto puede criticar, quejarse y condenar; y la mayoría de los tontos lo hace. Pero se requiere carácter y auto-control para ser comprensivo y perdonar.

— DALE CARNEGIE

El trabajo de restauración no puede comenzar hasta que el problema no sea encarado.

— DAN ALLENDER

Muchos de nosotros intenta hacer demasiado porque en el fondo tenemos miedo de no ser capaces de hacer nada.

— RICK ASTER

No sabemos nada sobre motivación. Todo lo que sabemos es escribir libros sobre ello.

— PETER DRUKER

No es que sea inteligente, sino que analizo los problemas mucho más tiempo.

— ALBERT EINSTEIN

Un líder tiene derecho a ser derrotado. Pero nunca a ser sorprendido.

— Napoleon Bonaparte

Soy un buen inversor porque soy Empresario. Y soy un buen empresario porque no soy un inversor.

— Warren Buffett

No puedes escapar a la responsabilidad de mañana por evitarla hoy.

— Abraham Lincoln

Un movimiento correcto es mucho mejor que evitar impuestos toda la vida.

— Vinod Khosla

El éxito tiene muchos padres, mientras que el fracaso es huérfano.

— Benjamin Franklin

El liderazgo es una potente combinación de estrategia y carácter. Pero si tienes que carecer de una, carece de estrategia.

— Norman Schwarzkopf

Todo el secreto se basa en confundir al enemigo, de manera que no pueda descubrir nuestras verdaderas intenciones.

— Sun Tzu

Encontrar la pregunta adecuada es ya haber encontrado la mitad de la solución al problema.

— Carl Jung

Si quieres cambiar la fruta, debes primero cambiar las raíces. Si quieres cambiar lo visible, debes primero cambiar lo invisible.

— T. Harv Eker

Todos somos ignorantes. Solo que ignoramos diferentes cosas.

— Hugh Nibley

Un buen CEO, conoce todo de su compañía, y nada de la cotización de las acciones.

— Dick Davis Dividend

Cuando no hay nada para hacer, no hagas nada.

— James Tech

No encuentres la culpa, encuentra el remedio.

— HENRY FORD

Es mejor prepararse que predecir.

— HANK BROCK

El compromiso individual a un esfuerzo grupal. Eso es el trabajo en equipo.

— VINCENT LOMBARDI

Es una lástima que no podamos comprar muchos ejecutivos por lo que valen y venderlos por lo que creen que valen.

— MALCOLM FORBES

La persona que no sabe sobrevivir con poco, siempre será un esclavo.

— HORACIO

Asume que siempre eres el último que se entera.

— CHARLES KIRK

Nunca pelees con un cerdo. Te ensuciarás y él lo disfrutará.

— BERNARD SHAW

La mejor lección en la vida es saber que hasta los tontos tienen razón muchas veces.

— WINSTON CHURCHIL

Solo hay una regla para un industrial y es: Haz la mejor calidad de productos posible, al menor costo posible, pagando los mejores sueldos posibles.

— HENRY FORD

Podes compartir videos con miles de contactos, escribir 140 caracteres para miles de seguidores, pero solo puedes compartir un secreto con un puñado de amigos.

— FEDERICO CAMPEO

Juntarse es un comienzo, mantenerse juntos es un progreso, trabajar juntos es el éxito en sí.

— HENRY FORD

Los tontos siempre están tan seguros que los demás se llenan de dudas.

— BERTRAND RUSELL

Cuando todos piensan de la misma manera, entonces nadie está pensando.

— GEORGE PATTON

Cuando trates con gente, recuerda que no tratas con criaturas lógicas, sino con criaturas plagadas de prejuicios y motivadas por su orgullo y vanidad.

— Dale Carnegie

Si no guías tu negocio, tu negocio te expulsará del mismo.

— Frank Holmes

Algunas personas cambian de mentalidad porque así lo quieren. Otros porque deben hacerlo.

— Howard Gardner

En toda mi vida, nunca conocí una persona sabía que no leyera. Absolutamente ninguna.

— Charles Munger

Los errores enseñan aciertos.

— Jim Davidson

No podes tus flores para regar semillas.

— Anthony M Gallea

No hay nada más terrible que la ignorancia en acción.

— Johann Wolfgang von Goethe

Si eres cuidadoso al momento de elegir tu personal, manejarlos te resultará mucho más fácil.

— DONALD TRUMP

Los hechos son historia.

— ANÓNIMO

La crema siempre sube a la superficie... al igual que los buenos líderes.

— JOHN PAUL WARREN

Mucho de lo que llamamos "Management" consiste en hacerlo difícil para que la gente lo haga.

— PETER DRUKER

¿Quienes creen que el mercado no funciona? Aparentemente los Norcoreanos, los Cubanos, y los Gerentes.

— REX SINQUEFIELD

Cuando todos son contrarios, entonces nadie es contrario.

— MARK SKOUSEN

El precio de tener razón es haberse equivocado previamente.

— Anónimo

Todo lo que pueda medirse, puede mejorarse.

— Peter Druker

Si le das a la gente herramientas para su habilidad natural y curiosidad, te sorprenderán.

— Bill Gates

La nueva fuente de poder no es el dinero en poder de pocos, sino la información en poder de muchos.

— John Naisbitt

Si existe algo como buen liderazgo, eso es dar un buen ejemplo.

— Ingvar Kamprad

Nuestra principal obligación es no confundir slogan con solución.

— Edward R. Murrow

El ataque es el secreto de la defensa. La defensa es el planeamiento del ataque.

— Sun Tzu

Nunca dejes a la eventualidad lo que puedes lograr con cálculos.

— CARDENAL RICHELIEU

Para contar con los mejores, no necesitas pagar fortunas. Solo transmítele tu entusiasmo. El entusiasmo es contagioso.

— ENZO FERRARI

Háblale a alguien sobre él mismo y te escuchará durante horas.

— DALE CARNEGIE

No pago buenos sueldos porque tengo mucha plata. Tengo mucha plata porque pago buenos sueldos.

— ROBERT BOSCH

El Genio no es otra cosa que una persona con gran aptitud por la paciencia.

— GEORGES LOUIS BUFFON

Es mejor estar aproximadamente bien, antes que exactamente mal.

— JOHN MAYNARD KEYNES

Confía en todos, pero por las dudas, corta el mazo.

— Anónimo

Una cosa es cometer un error, y otra muy distinta es seguir cometiéndolo.

— Jodi Picoult

Responsabilidad es la madre de la buena suerte.

— Benjamin Franklin

Un auditor es el que aparece cuando la guerra terminó para clavarle bayonetazos a los muertos.

— Anónimo

Mercados e inversiones

Hay muy pocas cosas relevantes en las inversiones, más que la preservación del capital.

— DICK DAVIS

Todos dicen que intentan ser "Conservador" o "Agresivo", "Inversor" o "Especulador". Yo prefiero ser "Inteligente"

— WARREN BUFFETT

Intenta invertir en las compañías que tengan la menor cantidad de fotos coloridas en sus reportes financieros.

— PETER LYNCH

Cuanto más estudias los mercados, mas te das cuenta que está alimentado por miedo, codicia, y la esperanza de millones.

— MICHAEL SINCERE

El hecho que una compañía en la que inviertes, tenga un gran edificio, no significa que su gente sea inteligente, pero si significa que les has aportado a tener ese edificio.

— WILLIAM DONOGHUE

Hoy, el número de fondos de inversión supera a la cantidad de acciones que se comercian en EEUU y Europa juntos.

— PETER LYNCH

Si no te puedes imaginar una pérdida del 20% en las acciones, entonces no entres en el mercado.

— JACK BOGLE

Compra acciones de la misma forma que las medias. Buena calidad en oferta.

— STEVE FORBES

Diversifica mucho tus inversiones y terminarás con un zoológico en lugar de un portafolio.

— PETER LYNCH

Aprende a ganar dinero en Bear Markets, Bull Markets y Chicken Markets[6].

— CONRAD THOMAS

Solo hay una cara de los mercados. No es ni el lado Bull ni el lado Bear, sino el lado correcto.

— JESSE LIVERMORE

---

6 Los Bulls Markets son los mercados alcistas. Los Bear Markets son mercados en baja. Chicken significa "Gallina" en Inglés.

No soy un Bull, no soy un Bear, soy simplemente una Gallina.

— CHARLES ALLMON

Los "Bulls" ganan plata, los "Bears" ganan plata, los "Pigs" son carneados.

— DICHO DE WALL STREET

Los "Bull Markets" trepan la pared de la preocupación.

— DICHO DE WALL STREET

Hay 2 requerimientos para ser exitoso en Wall Street. Uno es pensar correctamente, y el otro es pensar en forma independiente.

— BEN GRAHAM

Cuando los analistas financieros estén aburridos, significa que es tiempo de comprar.

— PETER LYNCH

Analizar una inversión significa analizar su negocio.

— BEN GRAHAM

El secreto para hacer buen dinero es estar acertado en el momento correcto.

— EDWIN LEFEVRE

La mejor acción siempre estará vinculada a la mejor empresa.

— PETER LYNCH

El público siempre está equivocado. El mercado siempre tiene razón.

— JESSE LIVERMORE

Los mercados son una guerra psicológica. Mejor que sepas que es lo que los otros piensan, antes de entrar.

— MICHAEL SINCERE

Mantén un ojo siempre atento a nuevas ideas.

— PETER LYNCH

No quiero muchos buenos negocios. Solo quiere unos pocos extraordinarios.

-PHILIP FISHER

Los mercados comienzan a bajar cuando el último tonto terminó de comprar.

— TOM DEMARK

Si un negocio marcha bien, sus acciones lo siguen.

— WARREN BUFFETT

Tu capacidad como inversor no es algo que obtendrás en Wall Street. Es algo que ya tienes. Puedes superar a los más expertos invirtiendo en empresas o industrias que conoces al detalle.

— PETER LYNCH

Conocer el valor es conocer el significado de los mercados.

— CHARLES DOW

Las acciones se fabrican para ser vendidas.

— GERALD LOEB

En los mercados siempre hay algo por lo que preocuparse.

— PETER LYNCH

Es mejor ser afortunado que inteligente.

— ANÓNIMO.

Una de las cosas más divertida del mercado de valores es cuando una persona compra, el otro vende, y ambos piensan que son astutos.

— WILLIAM FEATHER

Solo invierte lo que puedes tolerar perder sin afectar tu vida cotidiana y tu futuro.

— PETER LYNCH

Una mina de oro es un agujero en el suelo con un mentiroso arriba.

— MARK TWAIN

Lo más costoso en los Mercados es el propio ego.

— ANÓNIMO

Un inversor sin un objetivo de inversión es como un viajero sin un destino turístico.

— RALPH SEGER

Comprar en el fondo y vender en la cima es lo que típicamente hacen los mentirosos.

— BERNARD BARUCH

La pregunta de "Cuando" comprar es mucho más importante que la de "Que" comprar.

— ROGER BABSON

¿Cuántas "Insecurities"[7] se comerciaron hoy en Wall Street?

— FRANZ PICK

Las transacciones bursátiles son un juego de "suma cero". Para cada comprador hay un vendedor, y solo el futuro puede probar quien de los dos se equivocó.

— BRUCE GREENWALD

Los titulares son para los idiotas. Un verdadero especulador debe ir por detrás de las noticias y ver qué está pasando realmente.

— JESSE LIVERMORE

Luego de comprar una acción, su precio baja. Luego de venderla, su precio sube.

— DICK DAVIS

La 1era pérdida es la mejor.

— DICHO DE WALL STREET

El público es temeroso de las ofertas.

— PAUL GETTY

---

7 En los vocablos financieros, un "Security" (O su plural "Securities") son los títulos que representan activos financieros. Por ej: Los títulos de acciones, los de bonos, las letras, los contratos de commodities o los certificados de plazo fijo.

La versión actual de ´Compra barato y vende caro´ es: Las acciones caras que siguen creciendo son una buena compra. Las acciones baratas que siguen cayendo no me interesan.

— GERALD LOEB

Invertir es pronosticar el retorno de la vida de un activo. Especular es pronosticar la psicología de los mercados.

— JOHN MAYNARD KEYNES

El arte de la inversión se basa en adaptarse a los cambios.

— GERALD LOEB

La bolsa no sabe si se puede controlar a sí mismo.

— DICHO DE WALL STREET

Vender en el momento correcto es más difícil que comprarlo.

— GERALD LOEB

Quien confía siempre en la veracidad de los números, nunca vió los reportes de los mercados.

— IRENE PETER

Una acción es como una mujer. Jamás la podrás predecir.

— PETER LYNCH

Un tenedor de una acción que no vende es lo mismo que estuviera comprando.

— JESSE LIVERMORE.

Las emociones cometen las peores decisiones en los mercados.

— MICHAEL SINCERE

El negocio de Wall Street comprende en juntar gente que no deberían comprar un título, contra aquel que no debería venderlo.

— PHILIP FISHER

La estrategia de comprar y mantener siempre será válida mientras no existan 10 años continuos de crecimiento en los mercados.

— K. KIPLINGER

La principal mentira de Wall Street es pretender que la suerte es una habilidad.

— RON ROSS

Wall Street exagera todo.

— Mark Skousen

Para subsistir en los mercados, no es necesario acertar todo el tiempo, ni siquiera la mayoría del tiempo.

— Peter Lynch

No importa lo inteligente que sea tu estrategia de inversión. Las ganancias anormales se generan por las exposiciones anormales al riesgo.

— Alan Greenspan

Un inversor sólo necesita hacer muy pocas cosas bien para ser exitoso, en tanto y en cuanto evite los grandes errores.

— Warren Buffett

Los mercados no actúan en base a lo que todos saben, sino en base a lo que la mejor información puede predecir.

— William Hamilton

La Bolsa de Valores es un campo de batalla muy particular, donde sólo están los rápidos, y los muertos.

— William O'Neil.

Hay viejos agentes de bolsa, y también los hay atrevidos. Pero no hay con ambas características.

— ANTHONY M GALLEA

Los mercados financieros se han convertido en un casino gigante, y una distracción para los verdaderos inversores.

— JOHN BOGLE

Los fondos de inversión supuestamente eliminarían la confusión de los inversores para determinar que acciones elegir. Ahora deben preocuparse por cuál de los miles de fondos elegir.

— PETER LYNCH

El peor enemigo de un buen plan es obsesionarse con un plan perfecto.

— CARL VON CLAUSEWITZ

Wall Street es una calle con un río en una punta y un cementerio en la otra[8].

— FRED SCHWED

Las inversiones es como mirar detenidamente crecer el pasto. Si querés diversión, toma 800 dólares y ve a Las Vegas.

— PAUL SAMUELSON

---

8 Wall Street es una calle de 6 cuadras que arranca en el cementerio de Trinity (Broadway Ave) y muere en las costas del río Hudson.

La manera de sentirse a salvo es nunca sentirse seguro.

— JIM DAVIDSON

Los que invierten por valor de la empresa cometen el error de comprar y vender muy pronto. Los que invierten por crecimiento de la empresa, cometen el error de comprar y vender muy tarde.

— WARREN BOROSON

En los mercados, si vas a entrar en pánico, hazlo lo antes posible.

— DICHO DE WALL STREET

Apostar: La manera segura de obtener algo por nada.

— WINSTON CHURCHILL

El tiempo de ser temeroso sobre algo es cuando otros son codiciosos.

— WARREN BUFFETT

La diferencia entre un inversor rico y uno pobre es la calidad de precisión en el tiempo de su información.

— BERNARD BARUCH

Una inversión exitosa es anticiparse a las anticipaciones de otros.

— JOHN MAYNARD KEYNES

La clave para hacer plata en la bolsa es no asustarse.

— PETER LYNCH

El tiempo que permaneces en los mercados es más importante que el tiempo preciso de actuar en el mercado.

— ANÓNIMO

A diferencia de las estampillas y los vinos, el dinero pierde su valor con el paso del tiempo.

— PETER LYNCH

Nunca te tocarán el timbre cuando es el momento de vender.

— BILL HENRY

Es preferible preservar el capital en caída, que ganar exageradamente en mercados alcistas.

— WILLIAM J LIPPMAN

La manera más fácil de entrar en Wall Street es a través del "Hall de las Desilusiones".

— GARET GARRET

Los inversores deberían comprar acciones como se compran tus alimentos, no como sus perfumes.

— BEN GRAHAM

Las emociones son el peor enemigo de los mercados.

— DON HAYS

Nunca se equivocan los gráficos de los mercados, sino los que lo interpretan.

— DICHO DE WALL STREET

Las caídas de los mercados es una gran oportunidad para comprar esas acciones que siempre quisiste.

— PETER LYNCH

El inversor debería actuar consistentemente como inversor y no como especulador.

— BEN GRAHAM

No es necesario aclararlo: Los analistas no pueden acertar la totalidad de las veces.

— BEN GRAHAM

Cásate con una mujer, no con una acción.

— ANÓNIMO

No intentes comprar en el fondo y vender en la cima. Eso no se puede lograr, salvo por los mentirosos.

— BERNARD BARUCH

Es casi imposible saber que es barato que es conveniente en los precios de acciones.

— GERALD LOEB

La mejor acción para comprar quizás sea una que ya tienes.

— PETER LYNCH

Ninguna noticia es una mala noticia en Wall Street.

— MARK SKOUSEN

La guerra siempre ahuyenta el dinero y bajan los mercados. Es un buen momento de comprar.

— PHILIP FISHER

Cuando compres una acción, pregúntate si comprarías esa empresa completa.

— RENE RIVKIN

Los inversores conservadores siempre duermen tranquilos.

— PHILIP FISHER

El mercado de valores, raramente tiene un día normal.

— MICHAEL D SHEIMO

Hay tanto potencial de ganancia en las acciones buenas que en las de baja calidad.

— GERALDINE WEISS

Si quieres mantenerte adelantado, siempre pon un ojo en la Fed.

— PATRICK BALOGNA.

Tendrás recesiones y grandes caídas. Si no entiendes que eso ocurrirá, no estás listo todavía para invertir en los mercados.

— PETER LYNCH

Compraste en la cima. No amplifiques el error vendiendo en el fondo.

— MARK SKOUSEN

Aquellos que no invierten en su futuro, no tienen ninguno.

— HAROLD W LEWIS

Si quieres saberlo hoy, deberás investigarlo ayer.

— PEARL BUCK

Tanto haciendo dieta, como en el mercado de acciones, es la voluntad y no la inteligencia la que determina los resultados.

— PETER LYNCH

Si no sabes bien quién eres, los Mercado Financieros es un lugar muy caro para encontrarlo.

— GEORGE GOODMAN

La clave para hacer plata con las acciones es no asustarse de ellas.

— PETER LYNCH

En el mercado accionario 2 + 2 = 4, nuestra codicia lo hace 5 y nuestro pánico lo hace 3.

— FEROZ AHMED KHAN.

Nuestras inversiones son elegidas en la base del valor, no de la popularidad.

— WARREN BUFFETT

El mercado accionario es como una esposa. Cuando llegas a tu casa no sabes si te recibirá con un beso o te pegará con la sartén.

— C. VERNON MYERS

Las inversiones que son cómodas, raramente son redituables.

— ROBERT ARNOTT

Lo mejor que puedes encontrar en los mercados, son acciones de una Gran Empresa que atraviesa malos momentos temporarios.

— WARREN BUFFETT

El retorno esperado de un especulador es cero

— LOUIS BACHELIER

Las burbujas financieras no surgen de la nada. Tienen una base sólida en la realidad, solo que esa realidad es malinterpretada.

— GEORGE SOROS

La buena inversión es sencilla: Compra un buen activo a buen precio, y mantenlo por un largo tiempo.

— ADRIAN DAY

Las acciones baratas no son siempre una ganga.

— ASMATH DAMODARAN

El motivo más idiota para comprar una acción es porque está subiendo.

— WARREN BUFFETT

Cuando estés en duda, sal inmediatamente.

— DICHO DE WALL STREET

El hecho que los precios bajen, no significa necesariamente que estás equivocado.

— PETER LYNCH

El hecho que los precios suban, no significa necesariamente que tienes razón.

— PETER LYNCH

El objetivo no es comprar barato y vender caro, sino comprar caro y vender más caro aún.

— DENNIS GARTMAN

Los analistas son mucho más inteligentes que los mercados alcistas.

— DICHO DE WALL STREET

Hoy en día, lamentablemente, la información es más importante cuando es inmediata que cuando es precisa.

— CLAUDIO ZUCHOVICKI

Conoce el valor, no su precio.

— MARK SKOUSEN

Más que el retorno que ofrece mi inversión, me preocupa más el retorno de mi inversión misma.

— WILL ROGERS

Una acción no sabe que tú la posees.

— PETER LYNCH

El Mercado de Capitales es el único mercado donde cuanto más caro el producto es, más gente quiere comprarlo.

— GALLEA & PATALON

Las caídas de los mercados solo regresan el capital a donde proviene.

— IAN MCAVITY

La mejor manera de aprender a invertir es invirtiendo.

— HUGO KOEHLER

La gente se inclina a favor de información que confirma su propia hipótesis.

— MICHAEL BLOOMBERG

Un reloj detenido marca la hora correcta dos veces al día.

— ANÓNIMO

Ignora siempre la volatilidad a corto plazo.

— PETER LYNCH

Los pronósticos automáticos nunca podrán tener el lugar del juicio inteligente.

— HUMPHREY NEILL

Detrás de toda acción hay una empresa. Averigua que es lo que está haciendo.

— PETER LYNCH

Los mercados alcistas nacen con el pesimismo, crecen con el escepticismo, maduran con el optimismo y mueren con la euforia.

— JOHN TEMPLETON

Me di cuenta que el análisis de gráficos (Technical Analysis) no funciona, desde que puse un gráfico boca abajo y no tuve una respuesta diferente.

— WARREN BUFFETT

Cuando los mercados caen, no te dejan salir, y cuando los mercados suben, no te dejan entrar.

— DICHO DE WALL STREET

La única certeza de las inversiones es que todo puede fallar frecuentemente.

— BILL GROSS

Compra los sombreros de paja en el invierno, cuando nadie los quiera. Y véndelos en el verano, cuando todos los necesiten.

— ANÓNIMO

No inviertas en "Acciones" sino en "Empresas".

— PETER LYNCH

Es bueno perder dinero en la primera inversión. Es malo ganarlo. Pensarás que todas las inversiones son fáciles.

— MARK SKOUSEN

Debes saber lo que tienes y porque lo tienes. "Porque va a subir" no es motivo suficiente.

— PETER LYNCH

La tendencia es tu aliado.

— ANÓNIMO

Invierte en el momento de máximo pesimismo.

— JOHN TEMPLETON

Si no puedes descubrir compañías atractivas para invertir, pon tu dinero en el banco hasta que descubras alguna.

— PETER LYNCH

¿Cómo puedes dormir con todos tus inversiones? Si alguna de ellas me traen insomnio, las vendo. "Vende hasta el momento de poder dormir"

— BARNARD BARUCH

En el instante de una transacción de los mercados, una de las partes (Vendedor o comprador) inmediatamente gana y la otra pierde.

— ESMÉ FAERBER

Nunca inviertas ni tomes decisiones en momentos de stress personal.

— HORACE SENSE

En algún momento de este mes, año o lustro, el mercado caerá abruptamente.

— PETER LYNCH

El momento de máximo pesimismo es el mejor momento para comprar, así como el momento de máximo optimismo es el mejor momento de vender.

— JOHN TEMPLETON

Si te gustó el cuento, entonces compra esa acción.

— PETER LYNCH

No existe el portafolio correcto. Pero si existe el adecuado para ti.

— LARRY SWEDROE

Cuando ellos griten, tu vende. Cuando ellos lloren, tu compras.

— MARILYN COHEN

Si alguien te ofrece un "secreto" de los mercados entonces no lo compres. Si fuera verdad, no lo divulgarían para su propio beneficio.

— TOMÁS BULAT

En el mediano y largo plazo, una transacción de los mercados puede hacer ganar o perder a ambas partes.

— ESMÉ FAERBER

La inversión exitosa se basa en anticiparse a la anticipación de los otros.

— JOHN MAYNARD KEYNES

La performance del pasado no es garantía de ganancia futura.

— MARK SKOUSEN

Compra cuando la sangre recorre las calles.

— BARON ROTHSCHILD

Las acciones caen más rápido de como suben.

— Jesse Livermore

Todos tienen la capacidad de analizar los mercados de valores. Si aprobaste matemática en 5to grado, ya puedes hacerlo.

— Peter Lynch

Todo siempre vuelve a su valor promedio.

— Frank Holmes

Las inversiones son como los aniversarios. No puedes acordarte un día tarde.

— Publicidad de SPDR

El mercado de valores y la economía son dos cosas totalmente diferentes.

— Milton Friedman

Los agentes de bolsa de Wall Street conocen el precio de todo y el valor de nada.

— Philip Fisher

Nada crece a la sombra de un roble.

— Rowe Price

Nunca digas que es lo que vas a hacer, hasta que lo hayas hecho.

— COMMODORE VANDERBILT

Si todos compraron en el fondo, y vendieron en la cima, entonces la cima se convirtió en el fondo y el fondo en la cima.

— DICHO DE WALL STREET

Ninguna acción siempre se mueve en línea recta.

— ANTHONY M GALLEA

El mejor software no te servirá si no haces tú tarea para analizar las compañías. Créeme, Warren Buffett no usa ninguna tecnología.

— PETER LYNCH

El "Valor" siempre prevalece al "Precio".

— PETER LYNCH

En las inversiones a largo plazo, no necesitas de la gestión diaria.

— SHIV KHERA

Precio es lo que pagas, valor es lo que obtienes.

— BEN GRAHAM

Nunca me digas que acciones comprar, sino cuando comprarlas.

— HUMPREY NEILL

Nada es más suicida que una inversión racional en un mundo irracional.

— JOHN MAYNARD KEYNES

Los especuladores, los que entran y salen, son los estabilizadores del mercado. Son el mal necesario.

— JESSE LIVERMORE

Los mercados sin tendencia son poco amigos de los agentes de bolsa.

— HUMPHREY NEILL

Los buenos retornos van al inversor paciente, cuidadoso e inteligente, no al especulador estrepitoso y ansioso.

— PAUL GETTY

El mercado bursátil no es más que una guerra psicológica.

— MICHAEL SINCERE

Comprar bajo, vender más bajo. La versión del ´Short seller´.

— ANÓNIMO

El dinero no compra la felicidad. El que tiene $50 millones no es más feliz que el que tiene $40 millones.

— ANÓNIMO

No obtienes lo que quieres de las inversiones, sino lo que mereces.

— BILL BONER

La gente se inclina mucho más a posiciones que ya poseen, que las que no.

— MICHAEL BLOOMBERG

Nunca tendrás resultados sacando las flores y dejando los yuyos. Lo mismo pasa con las acciones en tu portafolio.

— PETER LYNCH

El gran atributo del éxito de los Traders de Wall Street ha sido siempre la suerte más que la capacidad.

— MICHAEL AMBROSIO

Especular, sin ser un "insider", es como comprar ganado a la luz de la luna.

— DANIEL DREW

Regla 1: Nunca pierdas dinero.
Regla 2: Nunca olvides la Regla 1.

— WARREN BUFFETT

Lo más probable es que no conozcas la probabilidad de lo que pueda ocurrir.

— BELSKY & GILOVICH

El inversor especulativo compra y vende contra condiciones futuras. Un apostador es quien no conoce el mercado.

— JESSE LIVERMORE

Muchas acciones baratas son como los fósforos encendidos. Si los mantienes mucho tiempo, te quemás.

— JEFF PHILLIPS

Wall Street es el único lugar donde los que manejan un Rolls Royce contratan recomendaciones de gente que viaja en subte.

— WARREN BUFFETT

Conoce el valor, no el precio.

— ARNOLD BERNHARD

Cuando Buffett y Soros invierte, no están enfocados en las ganancias, sino en no perder dinero.

— MARK TIER

Mantente en las tendencias y no te preocupes por los temblores.

— PAUL GETTY

Una acción no es un billete de lotería. Es parte propietaria de una empresa.

— PETER LYNCH

´Ahora´ es siempre el gran momento para invertir.

— TOM BARRAK

Siempre trato de comprar acciones de negocios que cualquier idiota pueda manejar, ya que tarde o temprano alguno lo hará.

— WARREN BUFFETT

Si Wall Street odia alguna acción, cómprala.

— Martin Sosnoff

A menos que seas un especulador, o un poeta, el pesimismo nunca rinde.

— Peter Lynch

Es mejor comprar una parte de una empresa, que una empresa completa.

— Warren Buffett

En todo camino de la vida, la gente compra más a precios baratos. En los mercados financieros compran cuando los precios están altos.

— James Grant

Cuando está en los papeles, está en el precio.

— Bill Miller

El inversor de hoy no toma ganancias de los crecimientos pasados.

— Warren Buffett

Si pudiera evitar una acción, sería la más tentadora en el momento.

— Peter Lynch

Invertir inteligentemente requiere menos tiempo que un almuerzo.

— Daniel Solin

Cualquier idiota puede comprar una acción. Se requiere un inversor inteligente para saber cuándo vender.

— Anónimo

Los Bonos son certificados garantizados de confiscación.

— Franz Pick

Invertir es divertido, excitante, y a su vez peligroso si no haces tu trabajo.

— Peter Lynch

Bien comprado es tener la mitad bien vendido.

— Anónimo

Todos tienen la mentalidad de hacer plata en los mercados. Pero nadie tiene el estómago.

— PETER LYNCH

No existe el "Almuerzo gratis" en Wall Street.

— ANÓNIMO

Las 10 formas de perder dinero en Wall Street

- Pon tu confianza en un comité de chismes
- Cree en todo lo que escuchas, especialmente recomendaciones
- Si no sabes, trata de adivinarlo
- Sigue a la multitud
- Se impaciente
- Sostente codiciosamente de la cima
- Comercia sobre los extremos
- Mantente firme en tu opinión, correcta o equivocada
- Nunca te mantengas fuera del mercado
- Acepta pequeñas ganancias y grandes pérdidas

— HUMPHREY NEILL

Pon todos los huevos en diferentes canastas... y cuida esa canasta.

— MARK TWAIN

Pon todos los huevos en diferentes canastas... pero que esas canastas no viajen en el mismo tren.

— PROVERBIO HEBREO

Olvidate de los huevos en las canastas y disfruta del omelette.

— ANÓNIMO.

El Mercado nunca podrá basar sus decisiones en el conocimiento. Deben anticipar el futuro, y el futuro es contingente a decisiones que la gente aún no ha tomado.

— GEORGE SOROS

Saca ventaja de lo que ya sabes.

— PETER LYNCH

Agregar activos internacionales a tu portafolio reduce el riesgo.

— LARRY SWEDROE

La política de inversión es la base en la que los portafolios deberían ser armados y gestionados

— CHARLES ELLIS

El cambio es la única certeza de los inversores.

— T Rowe Price

Los pisos del mundo de las inversiones no se terminan con mínimos que duran 4 años, sino 10 o 15 años.

— Jim Rogers

Los mercados son la conducta combinada de miles de personas respondiendo a información, desinformación y antojos.

— Kenneth Chang

La bolsa es el único lugar donde los clientes no compran la mercadería que está barata.

— Alex Green

Recuerda siempre que el mercado de valores es un Maníaco Depresivo.

— Warren Buffett

Para enriquecerte de golpe, concentra la inversión en algo. Para mantener tu riqueza, diversifica.

— Mark Skousen

El conocimiento es en base al pasado. La inversión es en base al futuro.

— GEORGE GILDER

La mejor manera de poner la probabilidad de tu lado es invertir a largo plazo.

— DICK DAVIS

Las 4 palabras más peligrosas en inversiones son: 'Esta vez es diferente'.

— SIR JOHN TEMPLETON

El rico recibe la recomendación de su asistente financiero. El pobre de las revistas.

— ROBERT VERES

Cualquier persona normal utilizando el 3% de su mente, puede analizar acciones tan bien como un experto de Wall Street.

— PETER LYNCH

No compres cuando está caliente, sino cuando esté decreciente.

— RICK RULE

Investiga antes de invertir.

— WILLIAM WARD & CHARLES MERRILL

Nunca apuestes contra el mercado.

— MICHAEL MASTERSON

El Inversor es mucho más importante que la inversión.

— DICK FABIAN

Siempre aprendes de las pérdidas, no con las ganancias.

— ANÓNIMO

Compra con el rumor, vende con la noticia.

— DICHO DE WALL STREET

La bondad es la única inversión que nunca falla.

— HENRY DAVID THOREAU

¿Cómo ser millonario? Sé temeroso cuando los demás son codiciosos, y sé codicioso cuando los demás son temerosos.

— WARREN BUFFETT

Los mercados bajistas crean los titulares. Los alcistas generan dinero.

— DICHO DE WALL STREET

Si vas a entrar en pánico, hazlo temprano.

— JESSE LIVERMORE

Nunca podrás besar a todas las chicas lindas.

— MARK SKOUSEN

Una pérdida del 50% requiere una suba del 100% para quedar parejo.

— BRIAN BERGHUTS

Compra con la premonitoria, vende con la historia.

— DICHO DE WALL STREET

Yo compro compañías, no acciones.

— WARREN BUFFETT

Los Mercados no tienen tendencia a un equilibrio, sino a producir crisis periódicas.

— GEORGE SOROS

Al igual que en los mercados, todos queremos comer golosinas, pero lo que realmente necesitamos es una dieta balanceada.

— JOHN BOWEN

Tratar de minimizar los impuestos a la mínima expresión, es una de las grandes causas de cometer errores al invertir.

— CHARLIE MUNGER

Todos son inversores a largo plazo y disciplinados hasta que el mercado empieza a bajar.

— STEVE FORBES

Diversificar no es la protección adecuada contra la falta de conocimiento.

— GERALD LOEB

Compra los ángeles caídos, no los que están cayendo.

— GABE WISDOM

La bolsa es el lugar donde el hombre con experiencia gana dinero, y el hombre con dinero gana experiencia.

— DANIEL DREW

Nunca sobreestimes el conocimiento de los profesionales de Wall Street.

— PETER LYNCH

Ahora siempre es el momento más complicado de invertir.

— ANÓNIMO

Donde hay belleza, hay peligro.

— HELEN McCARTY

El mercado siempre hace lo que debe, aunque no siempre en el momento adecuado.

— JESSE LIVERMORE

El gran secreto para hacer fortuna en los mercados es no perdiendo plata.

— BEN GRAHAM

En este negocio, si eres bueno, tendrás razón 6 de cada 10 veces.

— PETER LYNCH

Acertar 6 de cada 10 produce un record envidiable en Wall Street.

— PETER LYNCH

Lo que descubrí en la historia de Wall Street es que nunca progresan los que se dedican a pronosticar lo que ocurrirá en los mercados.

— BEN GRAHAM

Octubre es un mes peligroso para especular en la bolsa. Al igual que Julio, Enero, Septiembre, Abril, Noviembre, Mayo, Marzo, Junio, Diciembre, Agosto y Febrero.

— MARK TWAIN

Nunca inviertas en algo que no conoces.

— PETER LYNCH

Lo peor que le puede pasar a un inversor es ganar plata en su primera transacción.

— MARK SKOUSEN

Los Norteamericanos invierten más de $8 trillones en acciones, más de $7,5 trillones son invertidos en forma errónea.

— DANIEL SOLIN

Invertir sin investigar previamente, es como jugar y apostar al Póker sin haber visto las cartas.

— PETER LYNCH

Evita la trampa del crecimiento repentino. Las compañías más innovadoras raramente son el mejor lugar para los inversores.

— JEREMY SIEGEL

La amplia diversificación solo se requiere cuando los inversores no comprenden lo que hacen.

— WARREN BUFFETT

Comprar acciones de una empresa mediocre, pero por estar barata, es la peor táctica.

— PETER LYNCH

Cada pieza, joya o moneda de oro en la actualidad mantiene su valor. ¿Puedes decir lo mismo de las acciones o los bonos?

— NICHOLAS COLAS

Invierte en ti mismo. Tu carrera es el motor de tu riqueza.

— PAUL CLITHEROE

Intenta siempre buscar oportunidad no certificadas aún por Wall Street. Busca alternativas "Fuera del radar".

— PETER LYNCH

No importa si inviertes en "large cap", "mid cap" o "small cap". Si los mercados caen, lo que tendrás es "menos cap"[9].

— MARK TWAIN

Es muy, pero muy difícil hacerse rico en Las Vegas, en el Hipódromo o en una oficina de Merrill Lynch

— PAUL SAMUELSON

Siempre siéntate en una fila de emergencia para salir rápido.

— KEITH FITZ-GERALD

La tendencia de los mercados es tu amiga, hasta que deja de serlo.

— JIM DINES

Siempre analizamos menos los riesgos de las inversiones que significan la mitad de nuestro patrimonio, que cuando analizamos un auto a comprar.

— EDWIN LEFEVRE

---

9 En la jerga de los mercados, "Large-cap" hace referencia a grandes empresas, generalmente las multinacionales. Las "Mid-Cap" son medianas y "Small-Cap" pequeñas. Este parámetro son para empresas que ya cotizan en las bolsas, por lo que ya una "Small-Cap" debe tener una estructura de capital y facturación significativa.

El mercado de valores es como una calesita, donde puedes subir o bajarte del caballo en cualquier momento.

— Ron Miller

El principal problema del inversor, y a su vez su peor enemigo, es ser uno mismo.

— Ben Graham

Es más barato comprar caro y vender más caro aún, que comprar bajo y vender más caro.

— Jim Dines

Es fácil enamorarse en los mercados alcistas.

— Anónimo

Nunca apuestes a que ocurra el fin del mundo. Eso solo ocurre una vez.

— Art Cashin

¿Porqué deberíamos mirar al pasado para pronosticar el futuro? Porque no hay otro lugar donde mirar.

— James Burke

Negocios y emprendimientos

La paciencia es una enorme virtud y debe ser cultivada para obtener negociaciones exitosas a cualquier nivel.

— Donald Trump

Cuando alguien quiere aprender, encuentra el tiempo. Cuando no, encuentra excusas.

— Proverbio Árabe

No trates de seguir mis pasos porque aún en el caso que acierte al comprar, nunca sabrás cuando vendo.

— Peter Lynch

Los negocios son una mezcla de guerra y deporte.

— André Maurois

Hasta los peores enemigos se muestran respeto.

— Rey Priamo[10]

Preocúpate más por tu carácter que por tu reputación, ya que tu carácter es quien tú eres, mientras que tu reputación es lo que otros piensan que eres.

— Dale Carnegie

---

10 Esta frase se le adjudica al Rey Priamo de Troya en la obra de Homero "La Ilíada", por lo que se duda si realmente esa frase fue dicha por el Rey o ingeniada por Homero para transcribir en la obra. En este 2do caso, debería adjudicarse a él la autoría de la misma.

Tus ingresos están directamente relacionados a tu filosofía, no a tu economía.

— JIM ROHN

Solo quien quiere ser enseñado el que tiene intención de aprender.

— BERTIE C. FORBES

El negocio está en los detalles.

— MICHELLE MOORE

Si no puedes tolerar las picaduras, entonces no vayas por la miel.

— ANÓNIMO

El hombre no es más que lo que su educación hace de él.

— EMMANUEL KANT

Tropezar no es malo, encariñarse con la piedra sí.

— ANÓNIMO

Los grandes logros no se logran por ser fuerte sino por ser perseverante.

— SAMUEL JOHNSON

Cuando quieras medir la profundidad de un rio, nunca uses ambos pies.

— PROVERBIO CHINO

No puedes crear una reputación de lo que harás.

— HENRY FORD

El mayor riesgo en la vida es la postura a no correr ninguno.

— DONALD TRUMP

No te preocupes por tus fracasos. Sólo tienes que estar acertado una vez.

— DREW HOUSTON

Uno de los aspectos fundamentales del liderazgo, es la habilidad para fomentar confianza en los otros, cuando en realidad nos sentimos inseguros.

— HOWARD SCHULTZ

Aprendemos de la Historia lo que no aprendemos de la Historia.

— HEGEL

Conozco gente que ha rechazado dinero, pero nunca respeto.

— PROVERBIO GRIEGO

El secreto del éxito es saber hacer algo que nadie más sabe.

— ARISTÓTELES ONASSIS

No intentes seguir las tendencias. Créalas.

— SIMON ZINGERMAN

Sólo 3 componentes hacen a un emprendedor: La persona, la idea y los recursos que hacen que ocurra.

— ERIC RIES

El tiempo es el mejor aliado del buen negocio. Y el peor enemigo del negocio mediocre.

— WARREN BUFFETT

Aquel que se rehúsa a estudiar historia, no tiene pasado ni futuro.

— ROBERT HEINLEIN

Si quieres algo, entonces sal y haz que ocurra. Porque lo único que cae del cielo es la lluvia.

— PROVERBIO CHINO

Algunos sueñan con el éxito, mientras otros se despiertan, se levantan y trabajan por ello.

— WINSTON CHURCHILL

Hacer las cosas adecuadas es más importante que hacerlas bien.

— PETER DRUCKER

Si no lo puedes explicar en forma breve y sencilla, entonces no lo entendiste.

— ALBERT EINSTEIN

Para brindar un servicio real, debes agregar algo que no pueda ser comprado o medible con dinero, y eso es sinceridad e integridad.

— DOUGLAS ADAMS

Nuestra mayor debilidad es darnos por vencidos. La mejor manera de ser exitoso es siempre volver a intentar una vez más.

— THOMAS EDISON

Las grandes mentes tienen propósitos que seguir. Las demás solo deseos.

— WASHINGTON IRVING

No te tomes a ti mismo tan en serio.

— DONALD TRUMP

Para ser exitoso, debes tener tu corazón con tu negocio, y tu negocio en tu corazón.

— THOMAS WATSON

Tanto si es Google o Apple o software gratis, tenemos competidores fantásticos que nos mantienen con los pies en la tierra.

— BILL GATES

La publicidad puede construir una marca, pero su autenticidad hace que dure.

— HOWARD SCHULTZ

Si lo puedes imaginar, entonces es real.

— PABLO PICASSO

Nunca fracasé. Sólo encontré 10 mil formas que una lamparita no funciona.

— THOMAS EDISON

Tu eres un ejército de un sólo hombre.

— DONALD TRUMP

El propósito de todo negocio es crear y mantener un cliente.

— PETER DRUCKER

Si la gente cree que comparte valores con una marca, entonces serán leales a esa marca.

— HOWARD SCHULTZ

Deja de perseguir el dinero y comienza a perseguir tu pasión.

— TONY HSIEH

¿Qué harías si no tuvieras miedo?

— SHERYL SANDBERG

La lógica te llevará de A a B. La imaginación te llevará a todos lados.

— ALBERT EINSTEIN

Cada venta tiene 5 obstáculos: Falta de necesidad, falta de dinero, falta de apuro, falta de ganas y falta de confianza.

— ZIG ZIGLAR

La felicidad es ansiar lo que tienes.

— DALE CARNEGIE

Recibirás muchas buenas propuestas cuando eres un buen socio.

— ROBERT KIYOSAKI

Aquel que nunca cometió un error, nunca intentó nada nuevo.

— ALBERT EINSTEIN

Haz cada día, alguna cosa que te asuste.

— ELEANOR ROOSEVELT

Odio equivocarme. Pero odio aún más mantenerme equivocado.

— PAUL SAMUELSON

Debes estudiar muchísimo para aprender realmente un poquito.

— MONTESQUIEU

Si hiciéramos todas las cosas que seríamos capaz de hacer, nos asombraríamos de nosotros mismos.

— THOMAS EDISON

No podemos darle órdenes al viento, pero si ajustar las velas.

— ANON

Hay dos formas de vivir: girando alrededor de una persona, o siendo vos ese centro. Elegí siempre la 2da opción.

— OSHO

Yo leo tanto como puedo, pero no tanto como quisiera.

— DONALD TRUMP

Si quieres ver el arco iris, tienes que tolerar la lluvia.

— JIMMY DURANTE

No te intimides por lo que desconoces. Eso puede ser tu gran fortaleza y asegurarte que podés hacer cosas diferentes del resto.

— SARA BLAKELY

Sin importar como jueguen los demás con nosotros, nunca debemos jugar con nosotros mismos.

— RALPH WALDO EMERSON

Los problemas sólo son la puerta al éxito.

— DONALD TRUMP

Ninguna persona que tiene entusiasmo por su trabajo tiene algo que temerle a la vida.

— SAMUEL GOLDWYN

Quien quiere hacer algo encuentra un medio. Quien no quiere hacer nada, encuentra una excusa.

— PROVERBIO ÁRABE

La regla de oro de todo hombre de negocios es esta: Ponte siempre en el lugar del cliente.

— ORISON SWETT MARDEN

Solo una razón explica 9 de cada 10 emprendimientos que fallan en los primeros 5 años, y eso es que su emprendedor es sobrepasado por lo que no conoce.

— ROBERT KIYOSAKI

Es difícil hacer a un hombre miserable mientras sienta que es digno de sí mismo.

— ABRAHAM LINCOLN

El único límite a nuestra realización de mañana son las dudas de hoy.

— FRANKLIN D. ROOSEVELT

El secreto para avanzar en algo es iniciarlo.

— MARK TWAIN

No hay escasez de ideas que inventen, lo que escasea es la voluntad de hacerlas.

— SETH GODIN

La imaginación es más importante que el conocimiento.

— ALBERT EINSTEIN

Para poder triunfar, tus ganas de ser exitoso deben ser mayores que tus temores por perder.

— BILL COSBY

Si dedicas tu vida a tratar de ser bueno en todo, no serás grande en nada.

— TOM RATH

La puerta del "Club de Millonarios" no tiene traba. De ninguno de los dos lados.

— PAUL GETTY

Nunca te despertarás en un día libre de adversidades. Acéptalas como un desafío, más que como una depresión.

— DONALD TRUMP

Es vital saber quién eres.

— ZENGER FOLKMAN

Pregúntate si lo que estás haciendo hoy te acerca al lugar en el que quieres estar mañana.

— WALT DISNEY

La integridad es la esencia de todo éxito.

— RICHARD BUCKMINSTER FULLER

No es el más fuerte de su especie el que sobrevive, ni tampoco el más inteligente, sino el que más se adapta a un cambio.

— CHARLES DARWIN

El fracaso te lleva al éxito.

— ROBERT KIYOSAKI

La vida es peligrosa, no por los que hacen el mal, sino por los que se sientan a ver lo que pasa.

— ALBERT EINSTEIN

Si examinas una mariposa, acorde a las leyes de la aerodinámica, no podría volar. Pero la mariposa no lo sabe, y por eso vuela.

— Howard Schultz

Si haces algo que te interese, al menos una persona estará satisfecha.

— Katharine Hepburn

Que se encuentra detrás o delante nuestro son temas insignificantes comparado con que se encuentra dentro nuestro.

— Ralph Waldo Emerson

Pensar contrariamente no te libera de la obligación de pensar.

— Richard Band

Vive como si fueras a morir mañana. Aprende como si fueras a vivir para siempre.

— Mahatma Gandhi

Cuanto más duro trabajo, más suerte tengo.

— Gary Player

¿Cuántos millonarios conoces que han hecho su fortuna ahorrando en una cuenta bancaria?

— Robert G. Allen

La intuición es la percepción del inconsciente.

— Carl Jung

Sé tan bueno como para que nadie pueda ignorarte.

— Anderssen Horowitz

Un mar calmo no hace a un marino experimentado.

— Proverbio Africano

No solo hay que ser bueno, sino también parecerlo.

— Federico Campelo

La soberbia es el banquito al que se suben los inseguros.

— Anónimo

La gente raramente es exitosa salvo que disfruten lo que estén haciendo.

— Dale Carnegie

No llovía cuando Noé construía el arca.

— HOWARD RUFF

Los amables siempre terminan últimos.

— ANÓNIMO

Hay que empezar siempre desde abajo, lo único que se empieza desde arriba son los pozos.

— PASCUAL PALAZZO

Se bueno con los Nerds. Algún día terminarás trabajando para uno de ellos.

— BILL GATES

Debes esperar grandes cosas de ti antes que empieces a hacerlas.

— MICHAEL JORDAN

Elige una profesión para hacer lo que te gusta y nunca trabajarás ni un solo día de tu vida.

— CONFUCIO

Lo importante es nunca parar de cuestionar. La curiosidad tiene su razón para existir.

— ALBERT EINSTEIN

Sigue tu propio camino porque es el que te llevará a los lugares para los que has nacido estar.

— DONALD TRUMP

La vida es un viaje, no un destino.

— LETRA DE "AMAZING" DE AEROSMITH

Ser derribado es una cosa. Mantenerse en el suelo es otra.

— DONALD TRUMP

La mente que se abre a una nueva idea, nunca regresa a su tamaño original.

— ALBERT EINSTEIN

La publicidad es la mentira legalizada.

— HERBERT WELLS

No importa que tan bueno seas. Siempre puedes mejorarte. Eso es lo excitante.

— TIGER WOODS

Un optimista ve una oportunidad en toda calamidad, un pesimista ve una calamidad en toda oportunidad.

— WINSTON CHURCHILL

Desarrolla el éxito por saber los fracasos. El desaliento sobre tu fracaso es el peor obstáculo en tu camino al éxito.

— DALE CARNEGIE

Un emprendedor ve oportunidades donde otros solo ven problemas.

— MICHAEL GERBER

El éxito está interconectado con la acción. La gente exitosa se mueve constantemente. Cometen errores, pero nunca abandonan.

— CONRAD HILTON

El logro es un vicio. Te obliga a obtener un logro mayor.

— ALBERT CAMUS

O se crece o se muere

— ANÓNIMO

Requiere de sentido común y mente clara mantener lo que tienes.

— JESSE LIVERMORE.

Puedes vivir con lo que ganas, pero tendrás una vida a partir de lo que entregas.

— WINSTON CHURCHILL

Lejos es un lugar que no existe.

— ROLIM AMARO

Dentro de cada error hay una gema de sabiduría.

— ROBERT KIYOSAKI

La mejor forma de aprender sobre algo es haciéndolo.

— RICHARD BRANSON

Muéstrame a alguien sin ego y te mostraré a un verdadero perdedor.

— DONALD TRUMP

Orgulloso me siento de mis errores porque ellos han sido mi mejor maestro.

— ANÓNIMO

Una persona nunca estará cómoda, sin su propio consentimiento.

— MARK TWAIN

Los bolsillos vacíos no pueden retener a nadie. Sólo las mentes y los corazones vacíos pueden.

— Norman Vincent Pale

Ser uno mismo en un mundo que constantemente intenta hacer que te comportes diferente, es un verdadero logro.

— Ralph Waldo Emerson

Por sobre todas las cosas, evita los grandes errores.

— Warren Buffett

El éxito no es para los que creen que lo pueden hacer, sino para los que lo hacen.

— Anónimo

Siempre erras el 100% de los tiros que no haces.

— Wayne Gretzky

Si no usas tu cabeza, terminarás usando tus pies.

— Jime Dines

Casi todo lo que realices será insignificante, pero será muy importante que lo hagas.

— Mahatma Gandhi

Siempre se puede empezar.

— Efrain Wachs

Conozco el precio del éxito: Dedicación, trabajo duro y una devoción continua de ver que ocurran las cosas que quieres.

— Frank Lloyd Wright

Si no estás dispuesto a arriesgar lo usual, entonces tendrás que conformarte con lo vulgar.

— Jim Rohn

Pensar que nunca cometerás traspieces es la mejor manera de encaminarte a un gran error.

— Donald Trump

Lo importante no es tener con quien estar, sino con quien ser uno mismo.

— Anónimo

Los negocios son más entretenidos que cualquier juego.

— Lord Beaverbrook

El éxito es más dulce para quien ya ha conocido el fracaso.

— BERTIE C. FORBES

Es preferible fracasar con la originalidad que ser exitoso con una imitación.

— HERMAN MELVILLE

Si no estás en el proceso de convertirte en la persona que ansías ser, están comprometido automáticamente en convertirte quien no quieres ser.

— DALE CARNEGIE

Si no trabajas por tus sueños, alguien te contratará para que trabajes por los suyos.

— STEVE JOBS

No es el coraje ni la inteligencia, sino el esfuerzo continuo el que hace brotar todo nuestro potencial.

— WINSTON CHURCHILL

Si la mayoría de nosotros podemos hacer una hamburguesa mejor que la de McDonald´s, ¿Por qué McDonald´s tiene mucho más dinero que nosotros?

— ROBERT KIYOSAKI

Donde veas un negocio exitoso, es porque alguien tomó una decisión valiente.

— PETER DRUCKER

Las pérdidas son los costos por hacer negocios.

— JIME DINES

Los negocios crecen sólo si crece su emprendedor.

— ROBERT KIYOSAKI

Estimado Optimista, Pesimista y Realista: Mientras ustedes estaban ocupados discutiendo sobre que tan lleno estaba el vaso de vino... ¡Yo me lo tomé! Cordialmente, El Oportunista.

— LORI GREINER

Contrata por el carácter. Capacita su habilidad.

— PETER SCHUTZ

La gente exitosa hacen lo que los fracasados no se animan a hacer. Nunca pidas que sea más fácil. Exígete ser mejor.

— JIM ROHN

Si los miras en detalle, todos los éxitos repentinos requirieron mucho tiempo.

— STEVE JOBS

Si realmente quieres hacer algo, encontrarás una manera. Sino, encontrarás una excusa.

— JIM ROHN

Es más fácil remar un bote a favor que contra la corriente.

— JIM DINES

Todo aquel que no puede hacer una pausa para dejarse sorprender por algo, está muerto.

— ALBERT EINSTEIN

La disciplina, que no es más que confianza y fe mutua, es la clave del éxito tanto en la guerra como en la paz.

— GEORGE PATTON

El cambio no vendrá si lo esperamos de otra persona o de otro momento. Nosotros somos lo que hemos estado esperando. Somos el cambio que buscamos.

— BARACK OBAMA

Lo bueno nunca es fácil. Lo fácil nunca es bueno.

— PROVERBIO CHINO

Cuando más te cueste reírte es cuando más lo necesitas.

— ANÓNIMO

Si no manejas tu negocio, quedarás fuera de él.

— BERTIE C. FORBES

Que te recuerden con una sonrisa es vencer.

— ANÓNIMO

Concéntrate en tu trabajo. Los rayos del sol solo queman cuando están enfocados en algo.

— ALEXANDER GRAHAM BELL

Mantén a tus amigos cerca, y a tus enemigos aún más cerca. Para así darle el golpe cuando se desconcentren.

— MICHAEL CORLEONE[11]

---

11 En este caso, **Michael Corleone** era el nombre del personaje que dijo esa frase en la película **El Padrino II**. La adjudicación de la autoría de ella es compleja, ya que en la película el personaje de Michael Corleone (Personificado por **Al Pacino**) hace referencia de su autoría a su Padre **Don Vito Corleone** (Personificado por **Marlon Brando** y **Robert De Niro**). Pero en la realidad debería adjudicarse o bien a **Francis Ford Coppola**, el director de la película, o al autor de la novela homónima **Mario Puzo**, la cual dio origen a la película.

No puedes tener reputación de algo que estás por hacer.

— DONALD TRUMP

Tenemos que vivir la vida con la intensidad de que estamos condenados a muerte.

— ALFREDO CASERO

Al perder una batalla encontráis una forma de ganar la guerra. No te desanimes, sólo sigue peleando. Al final ganarás.

— DONALD TRUMP

Un negocio que lo único que genera es dinero, es un mal negocio.

— HENRY FORD

Un nuevo tren parte de la estación cada 10 minutos.

— ANÓNIMO

No es el empleador el que paga el sueldo. Él sólo maneja el dinero. Es el producto que se vende el que paga el sueldo.

— HENRY FORD

Dale a un hombre un pescado y comerá por un día. Enséñale a pescar y comerá toda la vida. Enséñale a crear una escasez artificial de pescados, y se comerá el plato más lujoso.

— Jay Leno

No existen secretos para el éxito. Es el resultado de preparación, mucho más que el trabajo y aprendizaje de los fracasos.

— Colin Powell

Nunca lanzarás cohetes al espacio con petardos.

— Bob Allen

Si no eres una marca, entonces eres un Commodity.

— Robert Kiyosaki

Cuando eres un Commodity, entonces el precio en sí cuenta mucho más en el trabajo que tú hagas.

— Robert Kiyosaki

Algo "Hecho" es mejor que algo "Perfecto"

— Sheryl Sandberg

Si crees que contratar a un profesional es caro, espera a contratar un amateur.

— RED ADAIR

Si el camino es difícil es porque vas en la dirección correcta.

— YNAV BOSSEBA

Aprender sin pensar es tiempo perdido.

— CONFUCIO

Mucho aprendizaje no enseña sabiduría.

— HERÁCLITO DE EFESOS

El conocimiento no es poder hasta que no se aplique

— DALE CARNEGIE

Creo que cada persona tiene un número finito de latidos del corazón. No pretendo desperdiciar ninguno de ellos.

— NEIL ARMSTRONG

Hay dos tipos de personas que te dirán que nunca podrás hacer una diferencia en este mundo: Aquellos que son miedosos y aquellos que tienen miedo que seas exitoso.

— RAY GOFORTH

En los negocios, tu reputación es más importante que tu negocio en sí.

— ROBERT KIYOSAKI

La vida es una aventura atrevida o no es nada.

— HELEN KELLER

El hombre se descubre cuando se mide contra un obstáculo.

— ATOINE DE SAINT EXUPERY

Concéntrate en los activos, no en el dinero.

— ROBERT KIYOSAKI

Sólo 2 cosas son infinitas: El universo y la estupidez humana. Y no estoy tan seguro de la 1era.

— ALBERT EINSTEIN

Nunca tuve un fracaso. Cada error que tuve me indicó nuevos caminos que me llevaron al éxito.

— THOMAS EDISON

El secreto del éxito de todo negocio se puede resumir en una sola palabra: Cortesía

— ALFRED MONTAPERT

Los errores son malos sólo cuando no son reconocidos.

— ROBERT KIYOSAKI

Nunca interrumpas a tu enemigo cuando está cometiendo un error.

— NAPOLEÓN BONAPARTE

El éxito no es sólo lo que logras en tu vida; sino lo que inspiras en los demás a hacer.

— ANÓNIMO

Descubrí que cuanto más duro trabajo, más suerte tengo.

— THOMAS JEFFERSON

El buen diseño es buen negocio.

— SLOGAN DE IBM

La clave para el éxito financiero y construcción de riqueza es el uso de OPM (Other's People Money - Dinero de otros).

— MÁXIMA DEL INVERSOR

Aquellos que están lo suficientemente locos que creen que pueden cambiar el mundo, son los que lo hacen.

— STEVE JOBS

El camino al éxito y al fracaso es el mismo.

— COLIN R. DAVIS

Podrás hacerte más amigos en 2 meses interesándote en ellos, que en 2 años tratando de que se interesen en ti.

— DALE CARNEGIE

Invierte en ti mismo. Tu eres el motor de todo tu capital.

— PAUL CLITHEROE

En una jerarquía, cada empleado tiende a elevarse a su mejor nivel de incompetencia.

— ROBERT KIYOSAKI

No ganes por los que te quieren ver ganar, sino por los que te quieren ver perder.

— SAUL FRIAS MCFLY

Tomar una decisión equivocada es mejor que no tomar ninguna.

— MÁXIMA DEL EMPRENDEDOR

No puedo darte la fórmula del éxito, pero si puedo darte la del fracaso: Trata de complacer a todo el mundo.

— HERBERT BAYARD SWOPE

No permitas que el miedo a perder sea mayor que tu emoción por ganar.

— ROBERT KIYOSAKI

El ratón que llega segundo es el que se queda con el queso.

— ANÓNIMO

Luego de un éxito siempre hay una tentativa de convertirse en descuidado o en excesivamente ambicioso.

— JESSE LIVERMORE.

Si quieres algo nuevo, deja de hacer las cosas viejas.

— PETER DRUCKER

Cuanto más atrás mires, más adelante podrás ver.

— WINSTON CHURCHILL

El secreto del éxito es hacer las cosas normales pero en forma anormal.

— JOHN D. ROCKEFELLER

Los resultados se ganan por explotar las oportunidades, no por resolver los problemas.

— PETER DRUCKER

Nunca puedes hacer un buen negocio con un mal socio.

— ROBERT KIYOSAKI

No intentes ser una persona exitosa. Intenta convertirte en una persona valiosa.

— ALBERT EINSTEIN

La habilidad para vender debe ser al cualidad más importante de un emprendedor. Si no la tiene, debe encontrar un socio que si la posea.

— Robert Kiyosaki

Se tu mismo. Todos los demás ya están tomados.

— Oscar Wilde

Conoce todo lo que puedas de lo que estás haciendo.

— Fred Trump

Piensa en grande, piensa positivo, nunca muestres signos de debilidad. Siempre a la yugular. Compra barato, vende caro. Miedo... ese es un problema del otro.

— Louis Winthorpe III[12]

El éxito no es la clave de la felicidad. La felicidad es la clave del éxito. Si amas lo que haces, entonces serás exitoso.

— Albert Schweitzer

---

12 En este caso de Winthorpe, un personaje de la película «De Mendigo a Millonario» (Trading Places en inglés) retratado por Dan Aykroyd debería quizás adjudicarlo a John Landis, el Director de la película que desarrolló la frase.

El patrimonio es el resultado de la capacidad de pensar de un hombre.

— AYN RAND

A veces se gana y a veces se aprende.

— JOHN MAXWELL

El momento de reparar el techo, es cuando el tiempo está soleado.

— JOHN F. KENNEDY

No hay fracaso más grande que no arriesgarse.

— JOHN C MAXWELL

Un pequeño esfuerzo es el mejor sustituto de las excusas.

— DONALD TRUMP

El tiempo es el mejor amigo del negocio maravilloso, y el enemigo del mediocre.

— WARREN BUFFETT

En el medio de la bruma del caos, también hay oportunidad.

— SUN TZU

Muchas de las cosas que se lograron en este mundo fue por personas que siempre continuaron intentando cuando no tenían más esperanza.

— DALE CARNEGIE

La peor parte del éxito es tratar de encontrar a alguien que esté feliz por eso.

— BETTE MIDLER

El agua que tocas en la superficie de un rio es la última de la que pasó y la primera de la que viene; así es el instante presente.

— LEONARDO DA VINCI

Escucha al mundo cuidadosamente mientras gira a tu alrededor.

— DONALD TRUMP

No puedes resolver un problema con la misma mentalidad con la que lo creaste.

— ALBERT EINSTEIN

Encara eventos adversos y desafíos monumentales para que te hagan más fuerte.

— DONALD TRUMP

Jamás podrás vencer a la persona que nunca se rinde.

— Babe Ruth

Cuanto más especializado es uno, más atrapado y dependiente es de la especialidad.

— Robert Kiyosaki

Las oportunidades de negocios son como los ómnibus: Siempre hay otro que está por llegar.

— Richard Branson

El mundo no le debe una vida a nadie, pero le dá a cada uno una oportunidad de rebuscarse la vida.

— Mark Twain

Los únicos que nunca son criticados son los que nunca hacen nada.

— Linda Prevatt

El competidor a temer es aquel al que tu no le interesas, y siempre continúa mejorando su negocio.

— Henry Ford

Empresa: Dispositivo empleado para obtener ganancias sin responsabilidad personal.

— Ambrose Bierce

Escribe algo que valga la pena leerse o haz algo que valga la pena ser escrito.

— BENJAMIN FRANKLIN

Tomar riesgos es necesario para el gran éxito, y también es necesario para fracasar.

— NASSIM TALEB

Todos los progresos se llevan a cabo fuera de la zona del "Confort".

— MICHAEL JOHN BOBAK

El dinero no brota de los arboles. Pero brota del talento, el trabajo duro y el pensamiento.

— DONALD TRUMP

El futuro pertenece a quienes creen en la belleza de sus sueños.

— ELEANOR ROOSEVELT

Los genios son 1% inspiración y 99% transpiración.

— THOMAS EDISON

El éxito no es final. El fracaso no es fatal. Es el coraje lo que cuenta.

— WINSTON CHURCHILL

Toma la vida de a un día por vez.

— ROBERT KIYOSAKI

Es por ello que nuestros enemigos son grandes motivadores. Ellos son el combustible de nuestro fuego.

— SIMON ZINGERMAN

Para poder triunfar, primero debes confiar que si puedes.

— NIKOS KAZANTZAKIS

Un campeón es quien se levanta cuando no puede.

— JACK DEMPSEY

La vida es como una amoladora. Si te tritura o te pule y deja brillante, dependerá de lo que estés hecho.

— ANÓNIMO

Los negocios tienen 2 partes básicas: Marketing e innovación.

— PETER DRUCKER

Yo fui un ser humano antes de convertirme en un hombre de negocios.

— GEORGE SOROS

Nada grandioso fue logrado sin entusiasmo.

— Ralph Waldo Emerson

Cuando sientas que todo se te pone en contra, recordá que un avión despega contra el viento.

— Henry Ford

La persona exitosa es aquella que encuentra el problema a su negocio antes que lo encuentre su competencia.

— Roy L. Smith

En el mundo de los negocios, todos te pagan con dos monedas: Dinero y Experiencia. Toma la experiencia primero. El dinero vendrá luego.

— Harold Geneen

Si le caes bien a todo el mundo fíjate porque seguramente no le caes bien a ti mismo.

— Proverbio Árabe

No obtener lo que uno quiere, muchas veces, es un golpe de suerte maravilloso.

— Dalai Lama

Sabrás que estas en el camino del éxito si estarías dispuesto a hacer tu trabajo y que no te paguen por ello.

— Oprah Winfrey

Nunca andes por el camino trazado, pues te conducirá únicamente hacia donde los otros fueron.

— Alexander Graham Bell

Una persona exitosa es la que construye una base sólida con los ladrillos que le tiran.

— David Brinkley

Las oportunidades no ocurren. Las creas.

— Chris Grosser

Es muy difícil agarrar un tren una vez que ya partió.

— Alexander Green

Los grandes emprendedores son expertos "Auto-observadores".

— Micheal Ryan-White

La única manera de predecir el futuro es haciéndolo.

— Abraham Lincoln

Cada logro comienza con una decisión de intentar.

— ANÓNIMO

El hombre que usa su capacidad imaginativa para ver cuánto puede ofrecer por un dólar, en vez de cuan poco puede dar por un dólar, está destinado a ser exitoso.

— HENRY FORD

De todas las palabras tristes, dichas o escritas, la peor es: "Podría haber sido".

— JOHN GREENLEAF WHITTIER

Si crees que tu jefe es un idiota, recuerda: No estaría en ese trabajo si fuera más inteligente.

— JOHN GOTTMAN

Los contadores están con lo pasado. Los managers con el presente, y los líderes con el futuro.

— PAUL ORFALEA

Todo lo que hacemos comienza con "La primera vez que...".

— JAY DECIMA

Aquel que intenta y falla es infinitamente mejor que aquel que es exitoso sin hacer nada.

— Anónimo.

El precio de la educación lo pagamos sólo una vez. El precio de la ignorancia lo pagamos por siempre.

— Ted Nicholas

Es mejor tener el 50% de algo que el 100% de nada.

— Suze Orman

No se trata de cuan fuerte pegues, sino cuan fuerte recibas los golpes, te levantes y vuelvas a pelear.

— Rocky Balboa[13]

La suerte es la preparación cuando se encuentra con la oportunidad.

— Oprah Winfrey

El objetivo fundamental de un negocio es generar dinero, no es satisfacer clientes.

— John Egan

---

13 Nuevamente la misma disyuntiva. **Rocky Balboa** era un personaje de ficción. Dicha frase podría adjudicarse al personaje o al mismo **Sylvester Stallone**, que además de ser el actor que lo recita, es el director de la película.

Los negocios son fáciles. Los que son complicados es la gente.

— Donald Trump

Si no sabes de historia, eres historia.

— Mark Skousen

Si puedes soñarlo, entonces puedes hacerlo.

— Walt Disney

Nunca esperes nada de nadie, es preferible estar sorprendido que decepcionado.

— Anónimo

Si te pondrás a pensar en algo, piensa en algo grande.

— Donald Trump

Una buena táctica para apurar un trato es no mostrar interés en él.

— Donald Trump

Nuestros pensamientos nos hacen lo que somos.

— Dale Carnegie

No nos atrevemos a muchas cosas porque son difíciles, pero son difíciles porque no nos atrevemos a hacerlas.

— SÉNECA

Valórate. Nadie lo va a hacer por vos.

— ANÓNIMO

La inversión en conocimiento es la que paga mejores dividendos.

— BEN GRAHAM

No te distraigas por las críticas. Recuerda que el único sabor del éxito que algunas personas tendrán será cuando te quiten un mordisco.

— ZIG ZIGLAR

El coraje es la gracia bajo presión.

— ERNEST HEMINGWAY

El verdadero emprendedor es un hacedor, no un soñador.

— NOLAN BUSHNELL

Un verdadero guerrero construye un castillo con todas las piedras que le tiraron sus enemigos.

— Oscar Skogsberg

Hacer negocios sin publicidad es como esperar a una señorita en la plaza. Tu sabes los que estás haciendo, pero nadie más lo sabe.

— Steuart Henderson Britt

La verdad construye la confianza

— Marilyn Suttle

No existe la suerte en los negocios. Solo hay iniciativa, determinación y más iniciativa.

— Sophie Kinsella

Nadie puede lograr algo real o un éxito duradero, o "volverse rico" siendo conformista.

— Paul Getty

Cuando conquistas sin correr peligros, es un triunfo sin gloria.

— Pierre Corneille

Adquirir experiencia solo leyendo la teoría es como querer matar el hambre solo leyendo el menú.

— JUAN QUELLE

La mejor manera de arrancar algo es dejar de hablar y comenzar a hacer.

— WALT DISNEY

Sólo tienen un defecto. Pero no sé cuál es.

— JOSÉ LUIS COLL[14]

Un barco en un puerto está a salvo. Pero no es para lo que fue construido.

— JOHN SHEDD

Cuando esté todo bien oscuro, podrás ver las estrellas.

— PROVERBIO PERSA

Cuando estés en el fondo del pozo... ¡Deja de cavar!

— HOWARD SCHULTZ

El sabio es aquel que aprende de todas las personas.

— ANÓNIMO

---

14 Es una frase que Coll dijo opinando sobre Les Luthiers.

No existe la seguridad en nuestro planeta. Solo hay oportunidad.

— GENERAL DOUGLAS MACARTHUR

Le debo mi éxito a mi conducta de escuchar atentamente cada consejo y luego hacer exactamente lo contrario.

— G. K. CHESTERTON

La diferencia que hay entre quien eres y quién quisieras ser radica básicamente en lo que tú haces.

— KELSEY HADDOCK

Siempre perdona a tus enemigos. Nada los enfurece mas.

— OSCAR WILDE

Es mejor ser un pirata que unirse a la Marina.

— STEVE JOBS

El éxito consiste en atravesar fracaso tras fracaso sin perder el entusiasmo.

— WINSTON CHURCHILL

Tu no eres tu Currículum. Eres lo que trabajas.

— SETH GODIN

No arruines el presente lamentándote por el pasado ni preocupándote por el futuro.

— ANGELES MASTRIETTA

El hombre nació para triunfar, no para fallar.

— HENRY DAVID THOREAU

Los abogados creen que los documentos legales son más importantes que los clientes.

— ROBERT KIYOSAKI

Lo que obtienes por lograr tus objetivos no son tan importantes como lo que te conviertes por haberlos logrado.

— JOHAN GOETHE

Sobrevivir a un fracaso te dá más confianza. Los fracasos son grandes herramientas de aprendizaje... pero deben mantenerse en niveles mínimos.

— JEFFREY IMMELT

La experiencia es algo que se puede lograr a cambio de nada.

— OSCAR WILDE

Recuerda que si no te promocionas vos mismo, nadie lo hará. Debes hacer que la gente sepa de tus éxitos.

— DONALD TRUMP

Si no hay lucha, no hay progreso.

— FREDERICK DOUGLASS

Nunca soñé con el éxito. Sólo trabajé por ello.

— ESTEÉ LAUDER

Cae siete veces y levántate ocho.

— PROVERBIO JAPONÉS

No es quien eres, o donde estas o lo que hagas lo que te hace feliz. Es lo que pienses sobre ello.

— DALE CARNEGIE

Negociar los acuerdos genera las mejores ganancias.

— JAY DECIMA

El único activo verdadero que tienes es tu mente.

— ROBERT KIYOSAKI

Si no puedes dormir, levántate y haz algo. Es tu preocupación lo que no te deja dormir, y no la falta de sueño.

— DALE CARNEGIE

Las acciones hablan más fuerte que las palabras.

— DALE CARNEGIE

Los dos días más importantes de tu vida son el día que naciste y el día que te diste cuenta para qué.

— MARK TWAIN

Muchas de los grandes fracasos en la vida es no darse cuenta que tan cerca estabas de lograrlo en el momento que abandonaste.

— THOMAS EDISON

Los obstáculos que decides enfrentar son los que alejaron a tus competidores.

— DONALD TRUMP

No vayas donde hay un camino que te guíe. Vé donde no hay camino y deja el sendero.

— RALPH WALDO EMERSON

La principal habilidad del emprendedor es la habilidad para vender, ya que ventas significa ingresos.

— ROBERT KIYOSAKI

Si analizas los programas de MBA, verás que hacen foco en minimizar el riesgo y no cometer errores. Es por eso que muy pocos MBAs se convierten en empresarios.

— ROBERT KIYOSAKI

Larga vida a mis enemigos. Necesito que vean cada uno de mis triunfos.

— ANÓNIMO

Son pocas cosas las que debes hacer bien mientras las que hagas mal no sean muchas.

— WARREN BUFFETT

Tú debes ser el cambio que quieres ver en el mundo.

— MAHATMA GANDHI

Un campeón teme perder. Todos los demás temen ganar.

— BILLIE JEAN KING

Lo maravilloso de este mundo no es donde estamos, sino hacia donde nos movemos.

— OLIVER WENDELL HOLMES

El éxito es logrado a veces por aquellos que no sabe que el fracaso es inevitable.

— COCO CHANNEL

Lo que hace el dinero grande es el conocimiento.

— JAY DECIMA

No existe el presente, y esto que llamamos presente no es sino la unión del pasado con el futuro.

— MICHEL DE MONTAIGNE

Creé mi propia empresa porque no podía llenar los formularios de empleo

— JASON FRIED

Cuanto más sepas de tus clientes, más información le podrás brindar que es increíblemente útil, relevante y persuasivo.

— JAY BAER

Las oportunidades vienen en envases no retornables.

— ANÓNIMO

Siempre mantén una mirada abierta. Siempre habrá oportunidades y pensando muy concentradamente puedes terminar negándolos

— DONALD TRUMP

Que un sabio te desapruebe es malo. Que un necio te aplauda es muchísimo peor.

— TOMAS DE IRIARTE

No existe un camino al éxito con un sendero de flores.

— MADAME C J WALKER

La primer regla de una tecnología usada en un negocio es la automatización aplicada a una operación eficiente, la cual magnifica la eficiencia. La segunda es la automatización aplicada a una operación ineficiente para magnificar la ineficiencia.

— BILL GATES

Estamos tan acostumbrado a disfrazarnos para los demás, que nos terminamos disfrazando para nosotros mismos.

— FRANÇOISE DE LA ROCHEFOUCAULD

El éxito es obtener lo que tú quieres.

— DALE CARNEGIE

El único lugar donde el éxito aparece antes que el trabajo es en el diccionario.

— Vidal Sassoon

No temas de los enemigos que te ataquen. Teme a tus amigos que te halagan.

— Dale Carnegie

Para ser millonario se necesita 25% suerte, 25% inteligencia y 50% trabajo duro.

— Jorge Perez

Recuerda: Hoy es el mañana que estabas preocupado ayer.

— Dale Carnegie

Siempre es redituable estudiar mis propios errores cometidos.

— Edwin Lefevre

En lugar de analizar a tus competidores, analiza a tus posibles clientes.

— Jeff Bezos

Tanto si piensas que puedes, como si piensas que no puedes, ¡Tienes razón!

— HENRY FORD

Nada puede traerte paz más que tú mismo.

— DALE CARNEGIE

Una empresa no debería apuntar a ser brillante, ya que el brillo dura siempre poco tiempo.

— JEFF BEZOS

Real Estate

El éxito del mercado inmobiliario pasa por 3 puntos claves: Ubicación, ubicación y ubicación.

— Anónimo

En Real Estate no estás comprando lo pasado. Estás invirtiendo a lo futuro.

— Steve Berges

Compra tierra. No se puede fabricar mas.

— Mark Twain

Compra la peor casa en la mejor zona.

— Adagio del Real Estate

Comprar inmuebles no es solo la mejor manera, además de ser la más rápida y segura, sino que también es la única para llegar a ser rico.

— Marshall Field

En el mercado inmobiliario es tan necesario saber manejar propiedades como saber manejar gente.

— Steve Berges

Es mucho más importante enfocarse en: Ubicación futura, Ubicación futura, Ubicación futura.

— Spencer Rascoff

Es tangible, es sólido, es hermoso, es artístico. Desde mi punto de vista, amo el negocio del Real Estate.

— DONALD TRUMP

Los campos de golf logran vender inmuebles, y es por eso que se construyen.

— ED MCMAHON

De un inmueble se puede modificar cualquier cosa, salvo su ubicación.

— GARY EDRED

Sólo necesitas buscar casas viejas, busca un lugar cercano a donde está la acción. Busca vecindarios con baja proporción de propietarios.

— SPENCER RASCOFF

La propiedad atrae al inquilino. La mala propiedad, atrae al mal inquilino.

— JAY DECIMA

El mejor negocio de la Tierra es la tierra.

— LOUIS GLICKMAN

Descubre donde va la gente, y compra inmuebles allí.

— WILLIAM PENN "WILL" ROGERS

Las palabras importan, y por sobre todo, importa a tu bolsillo.

— SPENCER RASCOFF

Los inmuebles no pueden perderse o robarse, no se pueden llevar. Comprados con sentido común, pagados completamente y manejados con razonable cuidado, es la inversión más segura en el mundo.

— FRANKLIN D. ROOSEVELT

Siempre se un propietario, no un deudor.

— ANTHONY GALLEA

Una imagen vale más que mil palabras. Una buena imagen de un inmueble, vale más que miles de dólares.

— SPENCER RASCOFF

Nunca inviertas en nada que coma, o que necesite pintura.

— BILLY ROSE

El 90% de todos los millonarios lo lograron por poseer activos inmobiliarios.

— ANDREW CARNEGIE

Los propietarios de inmuebles se enriquecen mientras duermen, sin trabajar, arriesgar o economizar.

— JOHN STUART MILL

El manejo del tiempo es todo al momento de decidir si comprar o alquilar.

— Spencer Rascoff

En el mercado inmobiliario, aprendes más de la gente, de las comunidades, de la vida y del impacto de los gobiernos que en cualquier otra profesión.

— Johnny Isakson

Los inmuebles son la mejor inversión en el planeta. Sin embargo, cuando la música deje de sonar, que ocurre ocasionalmente, no te quedes sin la silla.

— Steven Ivy

Las principales fortunas en EEUU se han efectuado por la posesión de la tierra.

— John D. Rockefeller

Los inmuebles es la base de todo negocio, y la base de la riqueza de la mayoría. Para poder construir tu riqueza y mejorar tu negocio, necesitas saber sobre el mercado inmobiliario.

— Donald Trump

Hoy, con un mercado inmobiliario globalizado, cualquier tendencia nacional o global tiene el potencial de desestabilizar tu mercado local.

— Alassane D. Ouattara

No esperes para comprar tierra. Compra tierra y espera.

— WILLIAM PENN "WILL" ROGERS

No es un hombre completo el que no posea una parte de tierra.

— PROVERBIO HEBREO

Invierte en tierra, no harán más de la que hay.

— WILL ROGERS

En Las Vegas, la "Casa" no siempre gana.

— SPENCER RASCOFF

Donde antes estuvo el Muro de Berlín, hoy brilla un Starbucks.

— SPENCER RASCOFF

El monopolio de la tierra no es solo un monopolio. Es por lejos el más grande de los monopolios. Es un monopolio perpetuo, y es la madre de todos los demás monopolios.

— WINSTON CHURCHILL

Hay tantas maneras de invertir en Real Estate como personas.

— STEVE BERGES

Hay tantas formas de invertir en Real Estate como inmuebles existentes.

— Steve Berges

El secreto de adquirir propiedades rentables debería ser tan privado como puedas. Le puedes contar a todo el mundo de tu negocio... luego de haberlo concretado.

— Jay DeCima

El Gobierno no tiene otro fin más que el de preservar la propiedad.

— John Locke

El inmueble es un activo que no vence, con valor creciente constante. Es la inversión más sólida que la ingenuidad humana ha conocido. Es la base de todas las demás inversiones y la única indestructible.

— Russell Sage

Ninguna persona compra inmuebles sin un poco de aritmética previa.

— Ralph Waldo Emerson

Las propiedades que se mantienen baratas, son baratas por algún motivo.

— Spencer Rascoff

Compra inmuebles en áreas donde el camino ya existe y compra mas todavía donde no haya caminos, pero puedas fabricarlos tu mismo.

— David Waronker

Los buenos agentes inmobiliarios no te cuestan dinero. Te ayudan a generarlo.

— JayDeCima

La tierra es lo único por lo que vale la pena luchar, e inclusive morir.

— Margaret Mitchell

En Real Estate, el entusiasmo es tan importante como peligroso.

— Steve Berges

Una vez que estás cara a cara con una inmobiliaria, sé tan específico como puedas.

— Jay DeCima

LIBRO EDITADO POR

EDITORIAL AUTORES DE ARGENTINA